Wolfgang Bergmann
Ganz bei der Sache

Wolfgang Bergmann

Ganz bei der Sache

Wie Sie Ihrem Kind bei
Konzentrationsschwächen und
Lernproblemen helfen können

Mit Lernübungen von Martina Bergmann

Patmos Verlag

VERLAGSGRUPPE PATMOS

PATMOS
ESCHBACH
GRÜNEWALD
THORBECKE
SCHWABEN

Die Verlagsgruppe
mit Sinn für das Leben

Für die Schwabenverlag AG ist Nachhaltigkeit ein wichtiger Maßstab ihres Handelns. Wir achten daher auf den Einsatz umweltschonender Ressourcen und Materialien. Dieses Buch wurde auf FSC®-zertifiziertem Papier gedruckt. FSC (Forest Stewardship Council®) ist eine nicht staatliche, gemeinnützige Organisation, die sich für eine ökologische und sozial verantwortliche Nutzung der Wälder unserer Erde einsetzt.

Bibliografische Information der Deutschen Nationalbibliothek
Die Deutsche Nationalbibliothek verzeichnet diese Publikation in der Deutschen Nationalbibliografie; detaillierte bibliografische Daten sind im Internet über http://dnb.d-nb.de abrufbar.

3. Auflage 2012
Neuausgabe des 2002 im Patmos Verlag erschienenen Titels *Nur Eltern können wirklich helfen*
Alle Rechte vorbehalten
© 2002 Patmos Verlag der Schwabenverlag AG, Ostfildern
www.patmos.de

Umschlaggestaltung: Finken & Bumiller, Stuttgart
Druck: CPI – Ebner & Spiegel, Ulm
Hergestellt in Deutschland
ISBN 978-3-8436-0149-8

Inhalt

Vorwort

Viele Kinder haben Probleme mit dem Lernen. Und mit sich selber auch. Sie können sich nur sehr schwer konzentrieren, ihre Aufmerksamkeit springt von einem Punkt zum anderen, alles was Geduld und Ausdauer fordert, fällt ihnen ungeheuer schwer. Lernprobleme und Verhaltensprobleme gehen in der modernen Kindheit Hand in Hand.

Die Eltern stehen vor einem ganzen Berg schier unlösbarer Schwierigkeiten. Hilfe gibt es kaum, oder sie ist unzureichend. Viele Jugendämter helfen bei der Finanzierung einer Lese-Rechtschreib-Therapie. Aber sind die Schwierigkeiten damit wirklich zu beheben? Was kann ein Lerntraining bewirken, wenn ein Kind Lernen rundum ablehnt, oder sich bei den schwierigen Buchstaben unendlich langweilt, oder Autorität einfach nicht akzeptieren will und kann seine Konzentration keine fünf Minuten aufrecht hält? Und was nutzt eine Verhaltenstherapie einem überaktiven Kind, wenn es bei den einfachsten Schreib- und Rechenaufgaben in der Schule wieder versagt?

Dieses Buch versucht als eines der ersten in deutscher Sprache, Lernprobleme und Erziehungsprobleme bei konzentrationsschwachen und impulsiven, verängstigten oder verträumten Kindern gleichzeitig aufzugreifen. ganz konkret, ganz auf den Alltag in den Familien bezogen. Schritt für Schritt.

Ich hatte vor wenigen Stunden ein überaus angenehmes, ja heiteres Gespräch mit einem Elternpaar.»Es ist alles gutgegangen«, sagte ich erleichtert.»Sie haben das hervorragend hingekriegt.« Still fügte ich für mich hinzu: Sie, die Eltern, und Ihr Sohn, alle drei! Vor einem Jahr und drei Monaten waren sie zu mir gekommen, verzweifelt und in gewisser Weise enttäuscht. Enttäuscht von dem

13-jährigen Kind, das recht verdrossen sozusagen »im Schlepptau« der Eltern in meine Praxisräume stapfte. Der Junge, der einen intelligenten Eindruck machte (was er tapfer zu verbergen suchte), war ein Trouble-Maker allerersten Grades. Seine Schulnoten lagen gleich in vier Fächern auf einer schwachen »Fünf« – bezeichnender Weise in all den Fächern, die irgendwie mit Schreiben zu tun haben. Von der Schule hielt er wenig bis gar nichts und scheute sich nicht, seine Meinung deutlich zu machen. Von seinen Lehrern hielt er noch weniger, und machte auch das deutlich genug. Im übrigen tendierte seine Aufmerksamkeit gegen null, mitunter raffte er sich vor irgendwelchen Tests oder Klassenarbeiten kurzfristig zu intensiven Übungen auf, hatte aber während der Tests selbst alles schon wieder vergessen. Hinzu kamen Streitereien im Klassenraum, teilweise während des Unterrichts, die von ihm ausgingen.

Zuhause lümmelte er unzufrieden in seinem Zimmer oder auf dem Sofa vor dem Fernseher herum und ließ jedermann wissen, dass er weder zur Schule noch zu irgendwelcher Hilfe im Haushalt bereit sei. Seine Zukunft sah düster aus, mindestens so düster wie sein Gesichtsausdruck, und die Chancen auf ein angenehmes Familienleben, berichteten die Eltern, schrumpften von Woche zu Woche.

Das war vor mehr als einem Jahr. Und alles hatte sich in der Zwischenzeit geändert. Wir wollen keine Liste der Erfolgsmeldungen anführen, aber sie wäre beeindruckend. Die ersten zuversichtlichen Nachrichten von den Eltern waren schon nach wenigen Wochen eingetroffen. Die Veränderungen waren auch dem 13-jährigen Jungen anzumerken und diese positive Entwicklung hatte sich über die Monate hinweg stabilisiert. Jetzt, nach etwas mehr als einem Jahr, konnte ich den Eltern sagen:»Sie haben alles richtig gemacht. Glückwunsch.«

In der Zwischenzeit hatten die Eltern – auf mein Anraten – einen Neurologen und Kinderpsychiater aufgesucht, neurologisch war nichts festzustellen, die psychiatrische Diagnose benötigte etwa ein viertel Jahr: Vielleicht ADS, vielleicht auch nicht, irgendwie liege der Junge im Grenzbereich. Richtig diagnostiziert, genau dort

»lag« er und wäre, wie Millionen anderer Kinder, auch dort »liegen geblieben«, wenn seine Eltern nicht konsequent alle Schritte unternommen hätten, die für ein Kind mit diesen Problemen möglich und notwendig sind. Sie betreuten das ganze Leben des Kindes, die Hausaufgaben, das Schreiben-Lernen (eine Lese-Rechtschreib-Schwäche war unübersehbar), den Umgang mit häuslichen »Pflichten« und alles, was sonst zur Erziehung eines Kindes gehört. Nicht, dass alle Probleme restlos ausgeräumt waren. Aber sie waren auf ein Maß verringert, das für alle Beteiligten erträglich war, sehr erträglich sogar. Den verbliebenen Rest, so wurden wir uns rasch einig, verbuchen wir unter die versöhnliche Rubrik »Pubertät«.

Ich will Ihnen in diesem Buch detailliert beschreiben, was die Eltern – teils auf mein Anraten, teils aus elterlicher Liebe und Intuition – getan hatten, um die gute Entwicklung einzuleiten. Nichts Spektakuläres gibt es da zu berichten, keine neue »Psycho-Methode« bei aufmerksamkeitsgestörten, überimpulsiven Kindern, sondern schlicht ein Tag für Tag durchgeführtes, Stunde für Stunde gelebtes Ringen um die Zukunft eines Kindes. Nichts Übermenschliches haben diese Eltern geleistet, aber sie haben sich ihrer sehr menschlichen elterlichen Verantwortung gestellt – in allen Einzelheiten. Es ist gut gegangen, ohne Medikamente, nicht ganz ohne psychologische Betreuung und Begleitung, aber ohne jahrelange Psychotherapien oder wöchentliche Familiengespräche in Beratungsstellen. Das Entscheidende war das veränderte Verhalten der Eltern, das Kind stellte sich darauf ein und stellte sein Verhalten um. Nur seine Eltern konnten ihm wirksame Hilfe geben, genauer: die wirksamen Anstöße im täglichen Leben geben, damit er sich selber helfen konnte. Er hat es getan. Glückwunsch!

»Wir haben es fast geschafft«, sagte die Mutter. Die Freude war ihr anzusehen. Die Erleichterung auch. Ihre 12-jährige Tochter war mir vor einem knappen Jahr vorgestellt worden. Ein fantasiebegabtes, verträumtes Mädchen – so lautete die Einschätzung der Lehrer, die allein erziehende Mutter hatte sie übernommen. »Sie träumt immer«, sagte sie, nicht ohne eine gewisse Anerkennung. Aber das 12-jährige Kind träumte eben auch im Matheunterricht, besonders gern in den Deutschstunden, vor allem wenn Grammatik oder Bildbeschreibungen, Inhaltsangaben und ähnliches geübt wurden. Sie fand alles langweilig. Eigentlich träumte und fantasierte sie auch gar nicht, sie döste, schaute aus dem Fenster, sie wollte von dem ganzen Unterricht einfach nichts mitbekommen. Sie hatte Angst. Zugleich machte sie die Erfahrung, dass ihre Freundinnen – von Jahr zu Jahr wurde das deutlicher – die Rechtschreibung besser beherrschten, geordnetere Aufsätze schrieben und sich untereinander mehr vom Unterricht zu erzählen wussten, der an ihr spurlos vorbei geglitten war. Dann drohte die Herabstufung vom Gymnasium auf die Realschule, damit auch die Trennung von ihrer besten Freundin – mit der sie schon im Kindergarten gespielt hatte –, schließlich wurde sie immer verstockter, immer empfindlicher, »sie ist zickig geworden«, sagten die anderen. Sie war sehr allein.

Zuvieles war zusammengekommen, zu viel für die kindliche Psyche ineinander verhakt: ihr Mangel an Konzentration und Aufmerksamkeit, ihre Probleme mit dem Lernen, ihre Ängstlichkeit. Alles überforderte sie und sie verschloss sich, zuletzt sogar vor der Mutter. Die letzte »5« im Diktat hatte sie wochenlang vor ihr versteckt, obwohl ihr weder Schimpfe noch Strafen drohten. »Aber jetzt ist alles gut«, sagte die Mutter. Die Rechtschreib-Schwäche ist deutlich verringert, ihre Ängste sind es auch, zur Aufmerksamkeit muss sie sich noch zwingen – aber sogar das gelingt ihr immer häufiger. »Noch ist nicht alles gut«, erwiderte ich, »aber sie haben gemeinsam eine gute Entwicklung begonnen. Die Hoffnungslosigkeit ist überwunden, ihr Kind fürchtet sich nicht mehr vor der Zukunft. Es ist auf einem guten Weg. Nehmen Sie es an die Hand und begleiten Sie es noch ein Stück, dann wird Ihre Tochter ganz aus eigener Kraft allein weitergehen.«

In diesem Buch will ich detailliert darüber berichten, wie die seelischen Hilfen und die Hilfen beim Schreiben-Lernen – beide gleichzeitig, beide griffen ineinander und ergänzten sich, verstärkten sich – aussahen. Wieder: der wichtigere Teil der Unterstützung kam nicht von mir, dem Kinderpsychologen, und nicht aus der Schule. Nein, die Mutter hatte ihr Kind behutsam und konsequent geführt, freilich brauchte sie selber Anleitungen dafür. Ich habe sie in diesem Buch aufgeschrieben.

Täglich werden mir Kinder vorgestellt: sie sind unkonzentriert, manche verängstigt, manche wirken gleichgültig, andere hochfahrend (das sind oft die aller ängstlichsten). Sie haben Probleme in der Schule, sie haben fast alle Schwierigkeiten mit dem Lesen und Schreiben, bei den meisten wird dies schon in der zweiten oder dritten Grundschulklasse sichtbar. Oft vergeht aber noch ein Jahr oder länger, bis die Eltern Hilfe suchen. Die so genannte »Teilleistungsschwäche« als solche – also die Lese-Rechtschreib-Schwäche oder die Rechenschwäche – ist selten geworden. Viel häufiger trifft man in der psychologischen Praxis oder der Familienberatung heute auf Kinder, bei denen Lern- und Verhaltensprobleme Hand in Hand gehen.

Sie haben größte Mühe, ihre Aufmerksamkeit auf einen Punkt zu richten, zumal in der Schule oder bei den Hausaufgaben, manche sind überaktiv, andere wirken sehr in sich zurückgezogen, viele haben Probleme mit anderen Kindern. Sie sind oder werden zu Einzelgängern, die den ganzen Nachmittag in ihrem Zimmer hocken, fernsehen oder Computer spielen und am liebsten keinen Fuß vor die Tür setzen würden. Andere wieder hält es keine halbe Stunde zu Hause, sie stromern mit ihren Kumpeln in der Stadt herum, die Eltern verlieren jegliche Kontrolle über sie. Ihre schulische Zukunft ist gefährdet.

Manche dieser Kinder kommen mit einer ärztlichen Diagnose, die immer häufiger gestellt wird: ADS, Aufmerksamkeitsdefizit-Syndrom. Ich werde in diesem Buch erläutern, was die Diagnose ADS wirklich besagt, welche Folgen sie hat und was sie für Eltern und Kind bedeutet. Meine Erläuterungen – das sei als Warnung vorweg gesagt – sind zugleich eine klare Kritik an großen Teilen der psychologischen und pädagogischen Betreuung schwieriger Kinder. Meine Erfahrung ist: letztlich bleiben die allermeisten Eltern mit ihrem Kind allein. In diesem Buch werden die alleingelassenen Eltern konkrete und sehr praktikable Vorschläge finden, wie sie gemeinsam mit ihrem Kind zu einem glücklicheren familiären Leben und einem vernünftigen Lernen zurück finden.

Wolfgang Bergmann

I. TEIL Wie Sie mit Ihrem Kind lernen können, wenn das Lernen schwierig wird

1. Kapitel

Ich schaue mein Kind an – dann lernt es auch besser.
Zum Beispiel Hausaufgaben

Das Allererste und Wichtigste, wenn wir mit einem Kind lernen, ist dies: Bevor wir anfangen, schauen wir uns an! Ruhig, ermutigend und ein ganz klein bisschen liebevoll. Nur ein Detail, eine Kleinigkeit, gewiss, aber nebensächlich ist es nicht.

Der Blick eines Menschen ist für uns alle von existenzieller Wichtigkeit. Das ist übrigens ein altes Thema. Große Philosophen – Dilthey und Sartre – wie auch die Psychologie des 20. Jahrhunderts haben sich intensiv mit diesen winzigen, wenig beachteten Momenten zwischen zwei Menschen befasst: dem Blick und das Angeblickt-Werden. Im Verhältnis von Eltern und Kind ist beides zentral, ich werde gleich einige Ergebnisse aus der Entwicklungspsychologie dazu erläutern.

Gerade das Thema »Hausaufgaben« ist in vielen Familien ein einziges Katastrophenthema. Ganze Nachmittage werden mit Maulen und Tränen vergeudet, weil sich zwischen Mutter und Kind keine vernünftige Arbeitshaltung einstellen will.

Es ist von ganz großer Bedeutung, wie Sie den Beginn der Hausaufgaben gestalten. Hastig, unruhig oder wie gesagt mit einem ruhigen ermutigenden Blick. Ich kenne Mütter, die schon einen skeptischen oder gar resignierten, manchmal einen geradezu trauerumflorten Blick annehmen, wenn sie nur ein Schulbuch aufschlagen. Einen schlechteren Start kann man sich kaum vorstellen. Das Kind verhält sich entsprechend. Es weiß ja aus bitterer Erfahrung, dass wieder – unendlich lang erscheinende – Stunden von Schreiben, Rechnen, Ermahnungen zur Konzentration, von Tadel und Hinweisen auf Fehlern vor ihm liegen. Nun fühlt es sich auch noch angesichts der vielen Anstrengungen seelisch von der Mutter »allein gelassen«. Kein Mensch fängt unter solchen Voraussetzungen seine Arbeit zuversichtlich an, ein Kind erst recht nicht.

Also, die erste Regel lautet: ein liebevoller Blick. Unterschätzen Sie solche Kleinigkeiten beim Lernen nicht. Kinder haben einen unvergleichliches Gespür für Details, für Winzigkeiten des Alltags. Genau diese ermutigen oder entmotivieren sie.

Und so schwer ist es nicht! Wir Eltern haben alle eine ursprüngliche, natürliche Liebe zu unserem Kind, sie ist immer vorhanden. Irgendwo im Winkel unserer elterlichen Psyche liegt ein ganzes Füllhorn von Zuneigung und – angesichts der sich auftürmenden Schulaufgaben – wohl auch Mitempfinden für unser Kind, auch jetzt, wo wir uns vor den leidigen Hausaufgaben am liebsten ganz weit weg wünschen. Lassen Sie Ihre Gefühle die Kleinen spüren! Machen Sie Ihre Gefühle bemerkbar, lüften Sie den Schleier, das Kind braucht jetzt Ermutigung und mehr.

Über die Bedeutung des freundlichen Blicks

Die Art und Weise, mit der Sie Ihr Kind anblicken, ist tausendmal wichtiger als das, was Sie »sagen«. Muntere Sätze aus einem Motivations-Handbuch oder Eltern-Ratgeber helfen überhaupt nicht, wenn Sie das Kind gleichzeitig distanziert oder gar resigniert anschauen. Das freundliche Schauen, das ein Kind einhüllt und trägt – es ist nur eine Kleinigkeit, wie gesagt, ermutigt aber auf eine tiefer reichende Art und Weise, als es sonstige Gesten oder Worte vermögen.

Die Bedeutung des »Anschauens« hat seinen guten Grund, es hat etwas mit der Entwicklung der kindlichen Seele und der Eltern-Kind-Beziehung zu tun. Ich will das kurz erläutern:

Das Schauen und Angeschaut-Werden steht ganz am Anfang des

seelischen Lebens. Es ist eine seiner Quellen, seiner Ursprünge. Ein Säugling schlägt die Augen auf und erfährt das Gesicht der Mutter. »Erfahren« sage ich mit Bedacht, denn es »sieht« nicht, erkennt nicht Konturen, Falten und Ausdruck des mütterlichen Gesichtes, es ahnt nur. Fühlt nur. Aber dieser *geahnte Mittelpunkt wirkt* in den ersten Wochen eines Kindes wie ein beruhigendes, sicherndes Zentrum. Um dieses Verlässlichkeitszentrum herum prägen sich die ersten Wahrnehmungen zu Anfängen des bewussten Lebens.

In den folgenden Monaten beginnt das Neugeborene zu erfassen, dass es selber angeschaut wird. Da ist eine Verschränkung im Schauen der Mutter und dem Blick des Kindes, die zu einer Einheit führt, wie es sie zwischen zwei Menschen nie wieder oder nur in Momenten großer Liebe geben wird. Wir kommen auf diese so genannte »symbiotische« Beziehung der frühen Kindheit noch zurück. Hier hat alles – *auch die Aufmerksamkeit für die Welt ringsherum, auch das spätere Lernen von Schrift und Zahl* – seinen Beginn. Der Psychoanalytiker René Spitz hat diese »symbiotischen Phasen zwischen Mutter und Kind« auf einem Kongress in Chicago 1958 zum ersten Mal, empirisch geordnet, dargestellt. Auch die berühmten Psychoanalytikerinnen Melanie Klein und Anna Freud haben bei allen sonstigen Unterschieden immer wieder darauf verwiesen. In Sigmund Freuds Narzissmus-Theorien, die unser abendländisches Menschenbild verändert haben, spielen sie eine entscheidende Rolle. Später hat der Schweizer Jean Piaget das mütterliche Gesicht, besonders sein Verschwinden und Wiederauftauchen, mit der Entwicklung der Intelligenz in Verbindung gebracht.

Wir wollen diese theoretisch-wissenschaftlichen Entwicklungen nicht weiter verfolgen, ich will lediglich darauf hinweisen, dass wir uns mit unserer Erläuterung auf wissenschaftlich gesichertem Boden bewegen. Ja, die Grundlage alles Verstehens, alles Wissens und Lernens ist ein Vertrauen, das mit dem mütterlichen Gesicht begonnen hat. Ein kleiner freundlicher Schimmer dieser unbewussten Erinnerung dringt in das verängstigende Klima des Lernens ein und erhellt es, denn der Blick besagt: Es ist alles gut!

2. Kapitel

Der gefürchtete Trotz

Viele Mütter und Väter schauen bei Beginn der gemeinsamen Schularbeiten stur auf die schriftlichen Aufgaben, die vor ihnen liegen. Sie signalisieren damit, dass die Aufgabe, die Schriftzeichen, die mathematischen Lösungen und Regeln das Allerwichtigste an dieser Stunde seien. Das sind sie aber nicht, wie wir eben festgestellt haben. Das Kind wird überdies von dem auf die objektiven Aufgaben fokussierten Blick eingeschüchtert. So viel Lernen liegt also vor ihm! Und so wenig Ermutigung, so wenig seelische Zufuhr sind von einer Mutter zu erwarten, die nichts anderes im Kopf hat als Schulbücher und Aufgaben-Erledigung. Ihr Kind wird allein durch die Art, wie Sie ein Buch aufschlagen, den Kopf heben und das Kind anschauen eingeschüchtert – oder ermutigt. Es liegt ganz bei Ihnen!

Viele Kinder beginnen genau in diesem Augenblick, sich zu wehren, manche mit Maulen, manche mit Tränen (es gibt unglaublich viele, sinnlose Tränen an jedem Nachmittag in unglaublich vielen Familien), andere wehren sich mit Trotz. »*Ich will nicht lesen, ich will nicht rechnen, ich mache das alles nicht!*«

Trotz hat schon viele Eltern vollends zur Verzweiflung gebracht. Wenn ein Kind die Arbeit so massiv verweigert, dann helfen weder gutes Zureden noch Strafen. Trotz ist die letzte, schärfste, wirksamsten Waffe eines Kindes.

Was können wir in dieser Situation tun?

Das erste ist eine Einsicht. Sie lautet: *Sie können den Trotz nicht überwinden, wenn er berechtigt ist.* Ein ganz zentraler Satz: Es gibt berechtigten und unberechtigten, legitimen und nicht legitimen Trotz. Also überprüfen Sie sich selber und die gesamte Situation. Ist ein Kind etwa nicht dazu berechtigt, sich gegen ein Übermaß an unliebsamen Aufgaben zu wehren, die sogar die Mutter zum Seufzen bringen? Gegen ein Übermaß an Disziplin an einem möglicherweise sonnendurchtränkten Spielnachmittag? Oder gegen eine seelisch »abwesende« Mutter, die ihr Kind nicht ein einziges Mal angeschaut hat?

Gehen Sie einfach von der Einsicht aus: Solange das Kind im Recht ist, werden Sie seinen Trotz nicht überwinden. Da können Sie motivierend auf es einreden, Sie können schimpfen, Sie können sogar strafen. Ein Trotz aus starken negativen Quellen gespeist ist oft schier unbezwingbar. Viele Eltern berichten mir, dass ihr in Trotz verhärtetes Kind lieber alle Strafen dieser Welt über sich ergehen ließe, als dass es nachgeben würde.

Das wird sofort verständlich, wenn man sich vor Augen führt, dass zum ersten das Kind sich total im Recht fühlt, dass es zum zweiten in vielen Fällen weitgehend im Recht *ist* und dass es drittens zur Durchsetzung seines Rechts nur eine einzige Waffe hat: eben diesen Trotz. Natürlich verzichtet es nicht darauf, was bliebe ihm sonst hinterher?

Manchmal hilft ein kleiner Blick ...

Ich behaupte nun, dass ein umhüllender, »tragender« Blick, wie ich ihn im letzten Kapitel skizziert habe, ein mütterliches Schauen, das im Kopf jedes Kindes elementare Erinnerungen aufruft, dieses ganze Desaster verhindert oder zumindest so weit aufweicht, dass ein Gespräch mit dem Kind möglich bleibt ...

»Eine Person, die lernt« war dieses Kind sein ganzes bisheriges Leben lang, und meist war das Lernen pure Freude (zumindest bis die langweilige Schule anfing).»Laufenlernen« war Freude (manchmal mit Tränen, die aber schnell trockneten),»Sprechenlernen« war Freude,»Malenlernen« ebenfalls, die ersten Buchstaben und Zahlen aufs Papier zu kritzeln war reine uneingeschüchterte Freude. Und all dies wurde ja begleitet von dem neugierigen und beglückten Staunen und Hinschauen der Eltern.

Auf diese positive Kette des Lernens sollen Sie als Eltern jetzt zurückgreifen. Rufen Sie sich die berührenden Momente kurz in Erinnerung, als dieses Kind, das jetzt so verklemmt und unglücklich neben Ihnen hockt, zum ersten Mal auf den eigenen Beinchen stand, sich mühsam vorwärts bewegte und zuletzt strahlend über seine Geschicklichkeit in Ihre Arme purzelte. Erinnern Sie sich an das Glück der ersten gelungenen Buchstaben, die auf einem Blatt Papier erkennbar wurden, oder an das verschwitzte Gesicht des oder der Fünfjährigen, als er oder sie einige Meter weit gefahren war und beseligt vom Rad stieg. *Das alles war Lernen!* Vergegenwärtigen Sie sich diese Momente – es fällt Ihnen nicht schwer! – und lassen Sie Ihr Kind Ihre Erinnerungen durch eine kleine Geste mitempfinden. Dadurch verändert sich der *Charakter* dieser Stunde gemeinsamen Lernens von Grund auf.

»Mein Kind hat trotzdem keine Lust!«

Nun ja, sagen Sie vielleicht, da mag schon etwas dran sein, für andere Kinder mag das zutreffen, nur für meines leider nicht! Mein Kind wird auch bei liebevoll begonnenen Hausaufgabenarbeit plötzlich mürrisch. Abrupt verliert es die Lust, schaut aus dem Fenster, will Fußball spielen und büßt einfach jegliche Konzentration ein!

Das kommt vor! – Wir werden im Verlauf dieses Buches eine Reihe von Vorschlägen kennen lernen, wie man diesem »Aus-dem-Lernen-Herausrutschen« entgegen wirken kann. Dennoch ist der Trotz, der jetzt im Lauf der Arbeit aufkommt, nicht derselbe, wie die »Trotz-Waffe«, von der wir vorher sprachen. Dieser Trotz, dieses kindliche Mürrisch-Werden unter einer langweiligen Aufgabe ist eher eine kleine Trägheit (Kinder sind genau so gern faul wie wir). Und weil das so ist, ist dieser Trotz durchaus zu überwinden.

Es ist gar nicht so schwierig, eines vom anderen zu unterscheiden. Aber wichtig ist es! Nichts belastet das häusliche Lernen so sehr wie »Trotz«. Wenn Sie aber gelernt haben, die beiden *Trotz-Charaktere* zu unterscheiden, dann ist Ihnen ein gewaltiger Schritt zur Überwindung der täglichen Nachmittags-Tragödien gelungen. Die Trotz-Waffe, von der wir eingangs sprachen, behaupte ich, kann man nicht bezwingen. Man soll es auch nicht versuchen! Bei ihr gilt es tatsächlich, die *Art des Lernen selber* fundamental zu verändern.

Darauf werden wir mit Vorschlägen in den folgenden Kapiteln eingehen. Auf den »anderen Trotz«, den Trägheits-Trotz reagieren wir mit Lockungen, Tröstungen, mit Aufforderungen liebevoller Art (eine Tasse Schokolade, aber dann fangen wir an! Ich muss nicht ausdrücklich erwähnen, dass die Tasse Kakao eben auch an frühkindliche Versorgungserinnerungen anschließt, nehmen Sie sich also alle Zeit dafür!) und schließlich mit einer gelassenen, aber konsequent eingesetzten elterlichen Strenge. Darüber werden wir im letzten Teil des Buches noch sehr ausführlich sprechen. Die »Trotz-Waffe« nehmen wir sehr ernst und geben ihr in gewisser Weise nach, wir verändern das Lernen. Dem »Trägheits-Trotz« begegnen wir mit Locken und Strenge, bis *er* nachgibt. Wenn es uns gelingt, das eine vom anderen sorgsam zu unterscheiden, ist Trotz kein unbewältigbares Thema mehr.

3. Kapitel

Wir lernen, krumme Linien zu ziehen

Wenn ich über das schulische Lernen nachdenke, fällt mir immer ein Satz ein, der auf den ersten Blick mit Lernen nichts zu tun hat. Er lautet: Viele können gerade Linien ziehen, aber mit einem Strich etwas *gestalten,* das können nur wenige. Unser Schullernen hat bekanntlich viel zu viel von diesem mechanischen »gerade-Striche-ziehen«. *Das* kann man lernen, pauken, einüben bis zum Überdruss, aber wenn das »Gestalten« – die innere geistige Gestalt – dabei verloren geht, dann war die ganze Mühe umsonst. Sie war nicht nur umsonst, vielleicht hat Sie ihrem Kind sogar geschadet! Ich will das kurz erklären:

Es mag sein, dass das Kind nach dem vielen sturen Pauken eine Zwei im nächsten geübten Diktat bekommt, aber den Sinn und die Schönheit von Sprache lernt es auf diese Weise nicht, vielleicht werden sie ihm auf diese Weise sogar versperrt. Auf die Dauer ist aber das Verständnis für Sprache und Schrift für den Lernerfolg, in jedem Fall für den *Lebens*erfolg Ihres Kindes ungleich wichtiger als die penible Rechtschreibung. *Wenn das Lernen die authentischen*

Fähigkeiten des Kindes erstickt, dann wäre es besser, es hätte gar nicht gelernt. Oder um es weniger drastisch zu sagen: Behalten Sie die wirkliche Aufgabe im Auge. Die wirkliche Aufgabe eines Sieben- oder Acht- oder Neunjährigen besteht nicht darin, ein Diktat mit guten Noten zu schreiben. Seine Aufgabe besteht darin, Schriftsymbole zu erfassen und geordnet anzuwenden, Anschluss an eine abendländische Schriftkultur zu finden, in die er hinein geboren wurde. Seine große Lernaufgabe ist es, bewusster Teil dieser Kultur zu werden und sein Leben auf diese Weise zu bereichern.

Die große Welt der Schrift ist voller Wunder und Abenteuer. Wenn Sie dafür ein Gefühl in Ihrem Kind erwecken, wird es Ihnen auch in mühseligen Passagen der gemeinsamen Arbeit willig folgen (von gelegentlichen Anfällen der Trägheit abgesehen, aber darüber sprachen wir schon). Wenn Sie ihm hingegen die Schriftzeichen sinnentleert eindrillen wollen, wenn Sie das »P« und »B« zwanzigmal abschreiben lassen und meinen, Sie hätten irgend etwas Sinnvolles angerichtet, dann verlieren Sie den Zugang zur kindlichen Seele und ihr Kind verliert den Zugang zum Sinn des Lernens. Und zu seinem eigenen Sinnverständnis. Dagegen lehnt sich jedes gesunde Kind auf. Und wer möchte schon, dass sein Kind seelisch krank wird, nur damit die Schulaufgaben pünktlich gemacht werden?

Die »Kulturarbeit« der kindlichen Entwicklung begann mit der ersten innigen Begegnung der Blicke zwischen dem Säugling und der Mutter. Sie endet längst nicht bei den Schriftzeichen in der Grundschule – aber diese sind eine wichtige Etappe, ein unüberspringbarer Zwischenschritt, auf einem hoffentlich glücklichen Lebensweg. Wir merken uns: *Wir arbeiten am Glück unseres Kindes,* wenn wir neben ihm sitzen und Hausaufgaben erledigen.

4. Kapitel

Warum Schreiben Ordnung stiftet – Ein kurzer Ausflug in die Theorie

Das Geschriebene gilt seit der Erfindung der Schrift als Signum der Wahrheit. Offenbar war schon unseren Vorfahren in den Anfängen der abendländischen Kultur bekannt, dass die Welt voller Geschwätz ist. Aber das eine oder andere ist es eben doch wert, festgehalten zu werden. So entstand die Idee, aus der Vielfalt der Worte und Beschimpfungen, der Lobpreisungen und Schmeicheleien das »Wesentliche« herauszufiltern. Es wurde auf Papyrus oder anderes stabiles Material geritzt und damit für eine kleine Ewigkeit fixiert. Das Geschriebene rückte auf diese Weise in den höherrangigen Stand der Wahrheit. Was geschrieben war, was ausgewählt war, galt als das Wesentliche, was im Alltagsgerede unterging, als zu vernachlässigen. Die Folge davon ist übrigens, dass wir heute wie selbstverständlich zwischen »Wesen« (der Substanz, der tieferen Bedeutung einer Sache) und der »Erscheinung« (dem Flüchtigen, Vorübergleitenden) unterscheiden. Die Welt der Ideen verselbstständigte sich gegenüber der Welt des Alltags.

Plato hatte diese Entwicklung missbilligend vorausgesehen, er warnte vor der Verbreitung der Schrift. Ihr, so mahnte er, fehle die Ganzheit des Gespräches, die Komplexität des Ausdrucks, die es nur in der Gleichzeitigkeit von Körper, Wort, Absicht und Geste gebe. An ihre Stelle trete die ideale und genormte Form der abstrakten Schriftzeichen. Und hat er nicht Recht behalten? Unsere Ideenwelt ist sehr abstrakt, sehr »abgehoben«, weggehoben von unserer Alltagswelt. Deswegen haben wir oft das Gefühl, dass die theoretischen und wissenschaftlichen Diskurse mit unserem Leben gar nichts zu tun haben. Wir beharren dann trotzig wie Schulkinder auf unserem unmittelbaren Gefühl für Körper, Kontakte, für das Sichtbare und sind doch eben darin der normierten Schriftkultur tief verhaftet.

Weil die Schrift allgemein gültig und nicht privat ist und sein soll, weil der Inhalt der Schrift nicht nur die Fortsetzung von persönlichen Beziehungen oder Verwandtschaften enthält, sondern einen universalen Charakter hat, müsse sie auch in Inhalt und Form gesellschaftlich organisiert und an einem öffentlichen Ort – der Schule – erworben werden, so das Argument zur Rechtfertigung der Schule. Ein gutes Argument! Ich halte dagegen: Tatsache ist – für jedermann ersichtlich –, dass die moderne Schule weit über das Ziel hinausgeschossen ist. Das Erlernen von Schrift und Zahlen ist viel zu sehr abstrakt, viel zu sehr vom lebendigen sinnlichen Charakter der Kinder und vom frühkindlichen Lernen abgeschnitten – gerade in einer verführerischen verlockenden Medienwelt ergeben sich dadurch Lernprobleme.

Aber unbeschadet aller sehr berechtigten Kritik an der Schule bleibt auch richtig und muss in den Überlegungen der Eltern einen wichtigen Platz einnehmen: Schrift ist Einübung in die gesellschaftliche Kultur. Schrift ist Ordnung, eine feine differenzierte Ordnung, die aus Buchstaben, Regeln und Syntax besteht. Bei mangelnder Beherrschung von Schrift fallen zentrale Ordnungselemente weg. Ein Kind bleibt desorientiert und seiner eigenen Kultur teilweise entfremdet. Halten wir uns vor Augen, dass wir bei vielen Kindern ohnehin eine gewisse Wahrnehmungs- und Ordnungsschwäche feststellen – sie leben in einer »geistig und seelisch unordentlichen Welt«. Folge davon ist nicht zuletzt eben die Rechtschreibschwäche. Der »ordentliche« Charakter der Schrift überfordert die Kinder.

Und so schließt sich der Kreis: Moderne Kinder werden schon mit drei, vier Jahren an die sinnliche Vielfalt der Medien gewöhnt und entwickeln entsprechende »adaptive Muster«. Die penible Schule stößt sie ab. Bleiben sie der grundlegenden Ordnungskraft der Schrift und der Zahl, der Grammatik und Syntax entfremdet, so werden die Desorientierungen, die sie aus der frühen Kindheit mitbringen, kräftig intensiviert. Und alles, was Schrift ist, ist und bleibt für sie ein verschlossenes Buch, ein Buch mit sieben Siegeln.

Was war eher da? Erst die Wahrnehmungsschwäche, dann die Lernstörung? Oder doch umgekehrt: Führt die Lernstörung zu Wahrnehmungsproblemen, Ordnungsproblemen, Verhaltensproblemen? Letzlich ist die Frage unerheblich, fest steht: Wir müssen mit unseren Kindern beides trainieren, gleichzeitig.

5. Kapitel

Die Stärken stärken

Viele Eltern beginnen das Lernen damit, dass sie, wie in der Schule, zuerst alle Fehler feststellen und dann kräftig üben, was nicht »gekonnt« wird. Diese Vorgehensweise hat nur begrenzten Erfolg. Sie ist sinnvoll, wenn kleine begrenzte Defizite im Lernen aufgetaucht sind. Die kann man möglicherweise durch regelmäßiges Üben aus der Welt schaffen. Bei den meisten Kindern liegen aber grundsätzliche Lernprobleme vor.

Am Anfang des Lernens darf es nicht darum gehen, die Defizite zu beseitigen. Zunächst kommt es vielmehr darauf an, die *Stärken zu stärken*. Das, was ein Kind *bereits kann*, muss gefördert werden.

Wenn Ihr Kind besonders hübsch malt und aus dem kindlichen Malen eine ziemlich genaue Gestalt von »r« und »s« hervorgeht, dann lassen Sie es bitte »r« und »s« und Wortbilder nachmalen soviel es mag. Nur nicht drängen! Der gröbste Fehler, den Sie begehen könnten, bestünde darin, das Schreiben und Malen (in diesem Stadium ziemlich ein und dasselbe!) aufzugeben, möglicherweise mit der Begründung, die Buchstaben und das ABC beherrsche es ja. Das müsse man nicht mehr üben.

Das Gegenteil ist richtig: Lassen Sie (vorläufig) die Defizite Defizite sein und stärken Sie das Kind darin, immer genauer und differenzierter Buchstaben nachzuzeichnen, die Feinheiten der Schrift zu »verinnerlichen« und sich an ihnen, weil sie so gut gelingen, zu freuen.

Auf diese Weise erzeugen Sie nicht nur Motivation und Mut. Sie erzeugen auch einen ersten und wichtigen Schritt zur Bereinigung der Defizite.

Der Grund dafür liegt darin, dass das Lernen immer – egal, was Sie gerade vor sich haben: Lesen, Malen, Schreiben, Zahlen – ein ganzheitlicher Vorgang ist. Das menschliche Gehirn nimmt nicht nur eine Information auf und verarbeitet sie. Es ist vielmehr so, dass mit jeder Information ein ganzer Kontext – ein Netzwerk – von Tätigkeiten relevanter Gehirnareale abgerufen wird.

Wenn ich die Grapho-Motorik der Schriftzeichen übe, dann trainiere ich gleichzeitig bestimmte Konzentrationspotenziale. Gleichzeitig werden andere Funktionsbereiche zurückgedrängt. Das Gehirn befindet sich in einem permanenten, höchst verwickelten Austauschprozess mit sich selber. Deswegen können wir mit einem

Kind nie so zielgenau üben, wie sich Lehrbücher das vorstellen. Nie erzeugen wir mit dieser oder jener Übung in direkter Linie – sozusagen kausal, folgerichtig – eine bestimmte Wirkung. Es ist vielmehr so, dass jede Stimulanz, jedes Training einen komplexen Verbund von kognitiven und emotionalen Tätigkeiten in Gang setzt.

Also, das präzise Nachzeichnen des Buchstaben etwa – unser Kind betreibt es mit viel Spaß, denn das kann es gut! – ruft zugleich eine Aktivierung bestimmter Gehirnareale auf, in denen Laute differenziert aufgenommen werden. Im Zeichnen spricht ein Kind innerlich den Buchstaben mit – achten Sie darauf! –, es tut dies nicht nur einmal, sondern viele Male, bis das schöne »S« stolz auf dem Papier steht. Zugleich wird eine erhöhte Konzentrationsleistung erreicht, die den auditiven Anteil, das innere Sprechen, mit einbezieht. Während wir schreiben, üben wir *konzentriertes Hören*. Während wir *hören*, trainieren wir das visuelle Gedächtnis, indem wir uns »innere Bilder« oder die Regelhaftigkeit der alphabetischen Zeichen vorstellen. Dies *alles* geschieht, während wir unser Kind das tun lassen, was es am allerliebsten tut – nämlich das Gekonnte wieder und wieder zu Papier zu bringen!

6. Kapitel

An erster Stelle steht der Trost – oder: Was der kluge Dr. Bettelheim sagte

Der große Kinderpsychiater Bruno Bettelheim, ein jüdischer Emigrant, der in den Vereinigten Staaten u. a. auch ein Heim für autistische Kinder gründete, hat in seinen »Gesprächen mit Müttern« ein sehr wichtiges Dokument einfallsreicher und menschenkluger Erziehung hinterlassen.

Eines der Gespräche ist mir besonders in Erinnerung geblieben. Bettelheim fragte junge Mütter, die sich regelmäßig zu Gesprächsrunden trafen, wie sie auf ihren Ehemann reagieren, wenn er im Beruf gerade eine Niederlage, ein Scheitern habe einstecken müssen, ein fehlgeschlagenes Projekt, eine Auseinandersetzung mit dem Chef – ganz gleich welche Art des Misserfolgs. Bettelheim kam es darauf an, dass die Frauen sich vorstellten, wie ihr Mann enttäuscht und müde nach Hause kommt. Was also, fragte er, werden sie tun?

Die Antwort der jungen Frauen war folgende: Ich werde ihn ermutigen, ich werde ihn motivieren, ich werde ihn dazu veranlassen, sofort einen neuen Versuch zu starten, sich aufzurappeln und mit frischem Mut an eine neue Aufgabe oder eine korrigierte Aufgabenstellung heranzugehen. Bettelheim lehnte sich zurück, schaute in die Runde und sagte gelassen: »Mit Ihnen möchte ich nicht verheiratet sein.«

Die jungen Frauen waren total verblüfft; sollten sie nicht motivieren, ermutigen, unterstützen?

Bettelheim begründete seinen Vorwurf.

Ich komme also nach Hause, erläuterte er, ich bin total fertig, ich bin bitter enttäuscht und zweifele an mir selber. Und was viel schlimmer ist, mein Selbstvertrauen ist beschädigt. Die meisten Menschen glauben, wenn sie eine neue Aufgabe beginnen, seien sie ihr auch gewachsen. Wenn es nun schief läuft, aus eigenem Verschulden oder nicht, steckt die Enttäuschung tief. Jeder Mensch – auch der erfolgsverwöhnteste Manager – braucht jetzt eine Phase seelischer Erholung. Eine Auszeit, Ruhezeit, Trostzeit.

Sie aber – Bettelheim wandte sich den Frauen direkt zu – stoßen ihn, gewissermaßen kaltherzig, in eine neue Aufgabenstellung. Noch ist er wie ausgebrannt, sein Selbstvertrauen nicht intakt und Sie fordern schon Neues von ihm. Neue Leistung, noch mehr Leistung, noch mehr Anstrengung. Vermutlich tun Sie es mit einer gewissen Dringlichkeit, nun mach schon, steh wieder auf, bloß nicht nachlassen. Kein Mensch ist solchen Einwürfen gewachsen, keiner würde darauf anders reagieren als mit Entmutigung, noch mehr zerrüttetem Selbstbewusstsein, noch mehr Traurigkeit. Und Sie? Sie tun dies alles mit reinstem Gewissen und dem Gefühl, nur das Allerbeste für Ihren Mann zu wollen. Gerade die allerbesten Absichten gehen oft Hand in Hand mit einer gewissen Unbarmherzigkeit.

Ich habe mir bei der Lektüre dieses Buches, nicht ohne ein gewisses inneres Schmunzeln, vorgestellt, wie die jungen amerikanischen Frauen – aufgewachsen in einem dynamischen Klima der Erfolgsorientierung und des permanenten Selbstbewusstseins – reagierten. Für sie muss eine Welt zusammen gebrochen sein. Von früher Kindheit an aufgezogen in einer Kultur, die nichts anderes kannte als die Bewegung nach vorn, aufstehen, weitermachen, nur nicht entmutigen lassen. Und nun hielt ihnen dieser Psychoanalytiker einen Spiegel vor, der ihnen ein wenig sympathisches Gesicht zeigte.

»Wir wollen nur das Beste für unser Kind« – wirklich?

Nun, diese kleine Geschichte ereignete sich Mitte der 50er-Jahre. Heute sind auch die deutschen Familien durchdrungen von diesem Erfolgsdenken. Auf dem deutschsprachigen Markt gibt es mindestens so viele Erziehungsratgeber wie auf dem amerikanischen, und sie alle sagen dasselbe: motivieren, ermutigen, nur nicht nachlassen, nur nicht aufgeben.

Bettelheims Geschichte fällt mir ein, weil ich Ihnen eine ganz andere Botschaft ans Herz legen möchte. Sie lautet: Als allererstes brauchen die Kinder Trost. Mütterlich warmen Trost, körperlichen Trost, Umarmung, weinen dürfen und traurig sein dürfen – ganz gleich, ob eine Mathearbeit oder ein Diktat trotz verzweifelter Übung wieder einmal mit einer dicken roten Fünf endete. Ganz egal, ob das Kind schuld ist an dem Misserfolg oder nicht, ob die Arbeit für die Zeugnisnote oder die Versetzung entscheidend war oder nicht – ganz egal!

Ein Fehlschlag entmutigt, ein Fehlschlag macht traurig und erschüttert das Selbstbewusstsein, dann braucht ein Kind eben nicht Ermutigung, braucht nicht Motivation und auch sonst nichts aus dem psychologischen Handbuch. Das Kind braucht Trost!

Nichts empfinde ich in meiner langjährigen kinderpsychologischen Praxis so deprimierend wie die Tatsache, dass die kalte Erfolgskultur immer zielsicherer in unseren Familien Einzug hält. Den Eltern wird das Leben dadurch nicht leichter gemacht, für die Kinder wird es unsinnig erschwert, für manche ganz unerträglich. Lernen wird zur zusätzlichen Mühsal, weil viel zu viele Eltern nur Erfolg, Benotung, objektive Bewertung im Kopf haben und sonst nichts. *Aber im Kinderleben kommt es nicht darauf an, erfolgreich zu sein. Im Kinderleben kommt es darauf an, glücklich zu sein.* Das Erstaunliche ist übrigens, dass die glücklich aufgezogenen Kinder in aller Regel auch die erfolgreichen sind. Und die auf funktionstüchtige Intelligenz gedrillten, die mit raffiniertem IQ-steigenden Spielzeug versehenen, erfolgsmotivierten Kinder werden oft, viel zu oft verkrampfte, pingelige und überängstliche Wesen, die sich in der beruflichen Welt nicht zurecht finden.

Seelische Kälte macht Kinder dumm

Das also war die Substanz der Bettelheimschen Kritik und Empfehlung an die jungen amerikanischen Mütter: Denken Sie nicht immer nur an Erfolg, vor allem dann nicht, wenn der liebste Mensch auf Erden Sie braucht. Halten Sie Ihre Augen und Ohren und insbesondere Ihre Seele offen für das, was ein Mensch wirklich benötigt. Was für einen erwachsenen berufstätigen Mann gilt, gilt selbstverständlich erst recht für ein Kind. Wo soll es denn einen Ort der inneren Ruhe finden, an dem es seine Wunde heilen lassen kann? Wo soll es einen Ort der Zuversicht finden, an dem es sein beschädigtes Selbstbewusstsein wieder aufblühen lässt? Wo wird ihm eine Phase der inneren Schwäche erlaubt sein, aus der es dann ganz allmählich und mit der Zeit selber wieder herausfindet? Wo anders soll dies alles passieren als in der Familie? In unserer durchrationalisierten Gesellschaft mit ihren harten Erfolgskriterien *gibt es gar keinen anderen Ort.*

Halten wir uns dies vor Augen, dann wird deutlich genug, wie viel wir zerschlagen, wenn wir einem Kind diesen letzten Rückzugsort verweigern und gewaltsam den Boden unter den Füßen wegziehen. Es stürzt buchstäblich ins Bodenlose. Kein Vater und keine Mutter möchte dies, niemand kann dies verantworten und trotzdem passiert es immer wieder, überall, ich begegne solchen Kindern jeden Tag. Und es ist so schwer, den Eltern ihre pure Erfolgsorientierung auszureden. Ich habe oft das Gefühl, dass nicht nur das Klima in unserer Gesellschaft, sondern auch in Familien immer kälter geworden ist.

Kälte erzeugt verhärtete Seelen. Verhärtete Seelen sind dissozial. Solche Eltern stehen dann oft mit ihrem 17-jährigen Sohn bzw. ihrer Tochter hilflos vor einem Kinderpsychologen und sagen: Er hat doch alles gehabt, wir können uns nicht erklären, warum er so bockig, widerspenstig, in sich gekehrt oder übernervös geworden ist. Wir können uns nicht erklären, warum unsere Tochter perfekt sein will und sich (in manchen Fällen buchstäblich) zu Tode hungert, warum sie nichts anderes im Kopf hat als diese Models aus den Medien, warum sie nichts Eigenes auf die Beine stellen mag. Sie sagen es in aller Unschuld, sie sind selber Opfer einer Erfolgskultur, die sie an ihre Kinder weitergegeben haben.

Sie hätten rechtzeitig – als der Sohn/die Tochter sieben oder acht Jahre alt, spätestens dann! – ein Stoppzeichen aufstellen sollen. Stopp mit der Erfolgskultur, Stopp mit den Bewertungen und Benotungen, den fatalen Vergleichen mit den Erfolgen anderer Kinder, Stopp! Und hinter dem Stoppzeichen Trost und Liebe ohne Bedingungen.

II. TEIL   Lernen und Gefühle – emotionales und regelhaftes Lernen, Schritt für Schritt

7. Kapitel

Grundlagen mit Schuss!

Sie haben festgestellt, dass Ihr Kind – es ist sechs oder sieben, acht oder schon neun Jahre alt – Schwierigkeiten mit dem Schreiben hat; vollständige Sätze kann es zwar lesen, müht sich dabei aber so sehr, dass es am Ende eines Satzes nicht mehr weiß, was sein Inhalt war. Oder es fällt ihm überhaupt schwer, Worte zu entziffern, geschweige denn sie nachzuzeichnen, aufzuschreiben. Wie immer der Grad seiner Rechtschreib- und Leseschwäche aussehen mag, vergeuden Sie nicht allzu viel Zeit – besser gar keine Zeit – mit so genannten Legasthenie-Tests. Sie belegen nur das, was Sie ohnehin schon wissen: dass Ihr Kind eben mit dem Schreiben und Lesen (und möglicherweise Rechnen) Probleme hat. Auch die hochseriösen »Diagnostischen-Lese-Rechtschreib-Tests« sind nicht viel ergiebiger.

Schwierigkeiten hat das Kind einmal mehr mit dem Lesen, dann wieder mit dem Schreiben, oder mehr mit dem »bewussten« Aussprechen der Worte, mit dem »Sehen«, dem Erkennen der richtigen Schreibweise. Manche Kinder können ein t nicht vom d, ein s nicht vom r unterscheiden. Das hindert sie beim Lesen und führt beim Schreiben zu immer denselben Fehlern. Andere hören die korrekte Aussprache einfach nicht, immer entgeht ihnen ein Buchstabe.

Zerbrechen Sie sich nicht den Kopf, ob es sich tatsächlich um eine Legasthenie (oder Dyskalkulie) oder um eine schlichte Schreib- und Leseangst handelt – die Fachbegriffe treten mit viel Pomp auf und bedeuten höchst Ungenaues. Besser, Sie beginnen jetzt sofort mit einem gezielten Training, unaufgeregt, freundlich, wie ich es Ihnen bereits zu Beginn dieses Buches vorgeschlagen habe. Sie setzen bei dem Schwierigkeitsgrad ein, der Ihrem Kind keine Mühe bereitet. Und lassen Sie sich bitte von jeder Übung, die ich Ihnen im folgenden vorschlage, zu anderen, ähnlichen Übungen verführen. Nur Mut, Ihnen fallen bestimmt ganz viele ein! Lernen kann nämlich, intelligent betrieben, Spaß machen. Nicht nur dem Kind, auch Ihnen!

Dies ist ein Bild, und dies ein Buchstabe

Über den freundlichen Blick haben wir im ersten Kapitel gesprochen, über die richtige Grundhaltung beim Lernen auch. Sprechen wir nun über Methoden. Anders als in der Schule lernen wir Buchstaben und ganze Wörter *gleichzeitig*. Nach jahrelangen Diskussionen in der Pädagogik setzt sich ganz allmählich die Einsicht durch, dass – wie meist beim Lernen – die komplexere Methode die richtige ist.

Das heißt: wir üben zum einen, die Buchstaben zu erkennen und zu »reproduzieren«, also einigermaßen korrekt nachzuzeichnen. Gleichzeitig machen wir uns schon an die Wörter und versuchen sie zu entziffern.

Unlogisch? Nur auf den ersten Blick.

Kindliches Lernen geht zwar einigermaßen systematisch vor sich, aber nicht penibel. Wer immer nur einen Schritt nach dem anderen unternimmt, kommt nicht recht voran. Sinnvoller ist es, an zwei Stellen gleichzeitig anzufangen. Unser Gehirn funktioniert ähnlich wie ein Netzwerk, nicht wie eine mechanische Apparatur. Je komplexer das Lernen angelegt ist, desto effektiver die Vernetzungen des Gelernten.

Symbole, kaum zu erkennen

Sie müssen sich allerdings ein wenig vorbereiten. Die erste Vorbereitung sieht so aus: Sie malen Symbole für alltägliche Dingen oder für solche, die Ihrem Kind besonders am Herzen liegen. Puppe – Pferd – Hund und Katze – Quiekente oder Jogurtbecher. Sie kümmern sich überhaupt nicht darum, ob ein Wort schwierig oder einfach ist, auch nicht darum, ob ein ei- oder ein eu- oder ein ie- in ihm enthalten ist. Sie folgen Ihren Gefühlen, und Sie stellen sich auf die Vorlieben Ihres Kindes ein.

Als erstes zeichnen Sie eine Puppe oder eine Ente oder Ähnliches. Sie können gar nicht malen? Umso besser!

Sie sollen nämlich keinen kleinen Kunstwerke zu Stande bringen, sondern nur ganz grobe Skizzen hinstricheln, *Symbole* und nicht *Abbildungen* des Hundes, der Katze, der Badewanne usw. Sie sollen auf diese Weise Ihrem Kind den Weg von der Abbildung zum Symbol, vom Symbol zum schriftlichen Wortbild erleichtern. Das sind gewaltige Abstraktionsschritte, die das kindliche Gehirn leisten muss – Ihre Karten mit den gestrichelten Symbolen sind auf diesem Weg sozusagen die Mittelschritte, die Markierungen auf halber Strecke.

Sie nehmen nun eine Karte, Sie lesen das Wort laut vor, im Fachjargon: Sie »lautieren«. Seltsames Wort, auch der Vorgang, den es beschreibt, wirkt ein bisschen komisch. Gott sei Dank haben Kinder einen natürlichen Sinn für Humor.

Sie öffnen also den Mund weit und artikulieren, ganz betont und bewusst: »Kat-ze«. Kleine Übertreibungen schaden nicht, schneiden Sie ruhig Ihre Grimassen. Das Kind hat seine Freude daran und vergisst, dass es zum Lernen eigentlich überhaupt nicht aufgelegt ist.

Hund ist noch schwieriger zu »lautieren« und verlangt noch mehr Grimassen, wegen des »H« eben, das man kaum hört. Ich schlage Ihnen vor, Sie »h«usten dem Kleinen das »H« vor, ich habe aus psychologischen Erwägungen auch nichts dagegen einzuwenden, wenn Sie den Hustenanfall ein wenig übertreiben – der kleine Schüler nutzt die Gelegenheit und schließt sich an (darauf können Sie sich verlassen!) –, bis Sie und das Kind sich hustend und prustend unten auf dem Boden wieder finden.

Mit anderen Worten, albern Sie anfangs ruhig ein wenig herum, aber in Maßen. Irgendwann sollten Sie deutlich machen, dass Lernen eine ernste und konzentrierte Angelegenheit ist. Kinder mögen zwar jede Art von Blödsinn, Sie wollen aber auch ernsthaft wie Papa und Mama »arbeiten«. Nachdem Sie also mit der vorgeschlagenen oder ähnlichen Albereien die erste Lernscheu überwunden haben, geht es jetzt konzentrierter weiter.

Ein Wort, ein Buchstabe

Also, Aufmerksamkeit ist angesagt. Ihre kleinen Zeichenkunstwerke werden jetzt entziffert.

»Das soll ein Schaf sein?«, fragt das Kind besserwisserisch.

»Das *ist* ein Schaf!«, erwidern Sie, leicht gekränkt.

Lassen Sie es ruhig ein wenig grübeln, aus den Strichen auf der Karte die Form des gemeinten Dings oder Tieres erschließen – *»das hier ist wohl der Mond, oder?«* »*Nein, ein Clown, das sieht man doch!«* –, es ist wie Rätselraten und macht Kindern Spaß. Und während Ihr Kind noch herumgrübelt, schreiben Sie langsam – und diesmal erkennbar und deutlich – das ganze Wort neben das Bild, das Symbol.

So also sieht das »Wortbild« aus, es steht jetzt unter dem skizzierten Bildsymbol. Und jetzt holen Sie noch ein Tierlexikon und schauen nach, wie ein Schaf auf einem Foto ausschaut. Drei Ebenen der symbolischen Darstellung: Realistisches Foto – Bildsymbol – geschriebenes Wortbild. Jede hat ihre Grenzen und jede hat ihre Potenzen, ihre besonderen Ausdrucksmöglichkeiten.

Diese Art des hochkonzentrierten, mit Rätselraten durchsetzten Lernens macht einem Kind Spaß, einem 6-jährigen übrigens genauso wie einem 9-jährigen. Es handelt sich um eine Grundlagenübung, sie empfiehlt sich als Einstieg in das Lernen für alle Schüler der Grundschule. Nur werden Sie mit einem Zweitklässler eben viele Symbole zeichnen, viele Rätsel lösen, viele Wortbilder aufschreiben, während Sie mit einem Viertklässler am Anfang des Lernens nur jeweils einige wenige Wortbilder aus diesem »Grundwortschatz« in Erinnerung rufen.

Schreiben Sie das Wortbild jeweils sehr langsam und sorgfältig auf Ihre Symbolkarte. »Schreib es ab«, sagen Sie. Ihr Kind wird es mit Eifer tun. Wahrscheinlich! Gegebenenfalls können Sie es auch erst einmal das Kärtchensymbol nachzeichnen lassen –»Meines sieht viel besser aus als deines, gell Mama?«. Dann weisen Sie, nachdem das kleine Meisterwerk fast beendet ist, enttäuscht unter das Bild.»Und das Wort, wo ist das? Hier bei mir steht ein Wort geschrieben: Schaf. Bei dir steht nichts.« Spätestens dann schreibt das Kind!

Erwerb des Grundwortschatzes nennt man in der unvergleichlichen Fachsprache diese Lernphase. Es geht natürlich auch viel langweiliger. Sie können Ihr Kind auch mechanisch zehnmal »Schaf« schreiben oder »Bs« aufmalen lassen – aber dann hätte es ja gleich in der Schule lernen können. Sie haben zu Hause nicht nur die Chance, sich auf Ihr Kind einzustellen, sondern außerdem die Gelegenheit, sich ohne irgendwelche Korsetts aus didaktisch-methodischen Fachbüchern um das Lesen und Schreiben oder Rechnen zu kümmern, ohne auf irgendwelche professoral fachwissenschaftlichen Expertisen die geringste Rücksicht zu nehmen. Auf diese Weise lernt Ihr Kind viel besser!

Und mehr Spaß macht es auch.

Gleichzeitig mit den Wortbildern, die Sie malen und lesen, üben Sie das ABC, immer abwechselnd. Am besten malen Sie neben den Symbolbildern, die Sie schon mit Hund und Schaf vorbereitet hatten, auch noch kleine Kärtchen, auf denen jeweils ein Buchstabe – zunächst in Großschrift – aufgezeichnet ist. Sie versuchen, zu jedem Buchstaben eine Geschichte zu erfinden. Gruselige werden von manchen Kindern bevorzugt – von den meisten! –, für die ängstlicheren tun es aber auch harmoniebetonte Mini-Geschichten, etwa die von der Biene statt der vom grausamen Barbaren.

Zehn Minuten lernen Sie mit dem Bild-Symbol-Rätsel, zehn Minuten mit einer Buchstaben-Geschichte. Beidesmit regelmäßigem »Nachschreiben von Wort oder Buchstabe«.

Die *Verbindung* zwischen dem ganzen geschriebenen Wort und dem Buchstaben ergibt sich von selbst, wahrscheinlich kommt Ihr Kind ganz allein darauf.

»Dieses W ist genau dasselbe wie das von der Wiese!«

So lernten schon die Arbeiter in Brechts Theaterstück *Die Mutter* (1932) das Alphabet, Sie sehen, ganz neu ist diese Methode nicht. Aber erprobt! »Das A von Arbeiter sieht genau so aus wie das A von Ausbeuter«, heißt es bei Brecht. Aber das ist natürlich nicht mehr zeitgemäß, oder?

Nehmen Sie Haltung an!

Wichtiger als alle Methoden – vergessen Sie es nicht – ist die Haltung, die Sie zum Lernen insgesamt und zu Ihrem Kind einnehmen. Erinnern Sie sich daran, dass das Kind zwischen beiden nicht recht zu unterscheiden versteht. Sind Sie sauer über das Lernen, glaubt Ihr Sohn, Sie seien sauer auf ihn (Mädchen sind nicht ganz so empfindlich!).

Trotzdem noch einige Tipps in Kurzform zum Erwerb von Grundwortschätzen, weitere Anregungen finden Sie in den Lernübungen auf den Seiten 153–160.

– Sie schreiben das ganze Wortbild unter ein Kärtchensymbol, lassen aber einen – später zwei, noch später drei – Buchstaben weg. Das Kind muss raten und ausfüllen und hat viel Spaß dabei.

– Den Spruch von Fischers Fritz, der Fische fängt, kennt fast jedes Kind. Sie zählen die »F«s, das gelingt Ihnen nicht. Sie müssen den ganzen Spruch erstmal hinschreiben. Ihr Kind kräht laut jedes vorkommende »F« oder »f« mit. Dasselbe funktioniert natürlich auch mit anderen Wortspiel-Sprüchen (»Der Leutnant von Leuten befiehlt seinen Leuten nicht eher zu läuten bis der Leutnant von Leuten seinen Leuten das Läuten befiehlt«) oder Sie lassen sich selber einige einfallen.

– Sie suchen gemeinsam zehn Wörter, in denen ein »g« vorkommt. Für jedes Wort gibt es einen Punkt. Ein »G« am Wort*anfang* bringt zwei Punkte.

– Dass ein Igel spitze Stacheln hat, ist ja weitgehend bekannt. Sie malen ein Kärtchensymbol und schreiben das Wortbild »Igel«

darunter. Ihr Kind steckt auf jeden Igel-Stachel ein i-Pünktchen und ruft jedes Mal laut »iiiiiihhh«.

– Das »M« ist ein häufiger Buchstabe. Sie bilden Sätze mit lauter »M«s. »Mein Mann mahlt meiner Mutter Mandeln ...«. »Mama muss mal mächtig Mut machen ...« Wer zuerst aufgibt, hat verloren.

– Das »O« kommt fast so oft vor wie das »I«. Wir tauschen die Buchstaben probeweise aus, an Stelle eines »O« setzen wir ein »I« oder »IE«, das sieht aus, als hätten wir uns verschrieben, also ziemlich verschroben.

– Das 1-2-3-Spiel gelingt mit dem Buchstaben »P« ganz hervorragend. Erstes Wort: eines mit einem »P«. Zweites Wort: eines mit zwei »P«. Drittes Wort – oh, das ist schwer – eines mit drei »P«. Sie finden keines? Pappnase, beispielsweise.

Genug Anregungen? Ich habe diese kleine Liste versuchsweise ganz spontan, ohne Vorbereitung, heruntergeschrieben. Sie müssen sich auf solche Buchstabenspiele nur richtig einlassen, dann fallen Ihnen immer mehr ein. Sie sind zahllos. Gegebenenfalls hilft das regelmäßige Anschauen der »Sesamstraße« dem Einfallsreichtum auf die Sprünge.

Ich jedenfalls spiele seit ca. zweieinhalb Jahren mit mal dem einen, mal dem anderen Kind folgendes »Sesame-Street«-Spiel nach (»Sesame-Street« weil der Charme des Originals in der ehrpusseligen deutschen Fassung zu einem guten Teil verloren gegangen ist!):

Puppe 1 versteckt etwas unter der Jacke.

»Psssst«, ruft sie Ernie zu.

Ernie kommt herbeigewackelt.

»Pssst!« macht Puppe 1 und öffnet behutsam ihre Jacke.

»Das ist der Buchstabe D«, sagt sie ...

»Der Buchstabe D?«, brüllt Ernie lauthals.

»PPPssssttt!!«

Ernie, leise und eingeschüchtert, flüsternd: »Der Buchstabe D?«

»Stimmmmmmt«, sagt die Puppe.

Was ist daran so witzig? Tja, wenn man das wüsste. Für solche

Art Humor benötigt man die Begabung eines Jim Henson. Die Kinder jedenfalls kringeln sich vor Vergnügen, alle. Die aggressiven genauso wie die stillen, die ängstlichen ebenso wie die vorlauten. Aber ein wenig von diesem Kindersinn steckt ja in allen Eltern. Sie müssen nur darauf vertrauen.

8. Kapitel

Wörter, Bilder und Erinnerungen

Wir haben im vorherigen Kapitel von dem Zusammenhang von Buchstaben, Wortbild und symbolischem Bild gesprochen. Wir können dies ein wenig ausweiten, indem wir zu jedem einzelnen Buchstaben ein sinnhaftes Symbol erfinden. Dieses Symbol sollte, so weit es geht, im Zusammenhang mit Ereignissen aus der eigenen Familie stehen.

Sie werden merken, dass Sie tatsächlich für jeden oder fast jeden Buchstaben ein kleines Familienereignis finden. Eines, an das sich alle Familienmitglieder erinnern.

Ich nenne Ihnen ein Beispiel aus meiner eigenen Familie.

A wie Eiffelturm

Der Buchstabe »A« ähnelt, wenn man genau hinschaut, sehr dem Eiffelturm. Lassen Sie sich nicht davon irritieren, dass das Wort Eiffelturm mit »E« und nicht mit »A« geschrieben wird. Es kommt mir allein auf die äußere Gestalt der Buchstaben an. Das hochaufstrebende A und der Eiffelturm sind zwei ganz ähnliche grafische Gestalten, zwei ganz ähnliche »Bilder«.

Ich war einige Zeit beruflich häufig in Paris. Meine beiden Söhne waren von der fernen großen Stadt gehörig beeindruckt. Für einige Wochen war eine Miniatur des Eiffelturms, die ich ihnen mitgebracht hatte, ihr wichtigstes Spielzeug – zumal dann, wenn ich wieder nicht zuhause war. Der Eiffelturm hatte sich eingeprägt, er war und ist ein bedeutungsvolles »Zeichen«, er verkörpert ein Erinnerungsbild – jedenfalls für meine Kinder und für mich. Welches »Zeichen«

wäre für meine fünfjährige Tochter heute geeigneter, sich das A einzuprägen, als eben der Eiffelturm?

Ein zweites Beispiel:

Eines Tages brachte unsere kleine Tochter einen verletzten Schmetterling mit, sein rechter Flügel war zerrissen. Wir haben ihn gehegt und gepflegt, das empfindsame Tier hat dennoch die Nacht nicht überstanden. Das war ein trauriges, aber auch äußerst aufregendes Ereignis. Eine Auseinandersetzung (nicht nur für die Kinder) mit der Hinfälligkeit des Lebens.

Ich formuliere mit Bedacht so emphatisch. Denn mir geht es darum, beim Lernen alle Seelenschichten des kindlichen Erlebens aufzudecken und in Beziehung zu Buchstaben, Wörtern, Syntax zu setzen. Das »D« erinnert sehr an den Flügel des Schmetterlings, also kritzeln wir, um uns den Buchstaben D einzuprägen, einen Schmetterlingsflügel. Für meine Kinder ist dies zweifellos ein unvergessliches Zeichen.

Wir sagten, das Erlernen der Buchstaben ist eine bildhafte und phonetische *Gedächtnis*leistung. Ist also Erinnerung. Nur sinnhafte und tief emotionale Ereignisse prägen sich nachhaltig ein. In der wieder belebten Erinnerung verschmelzen sie mit den Buchstaben zu wirksamen, eindringlichen Bildern.

Sie werden, wenn Sie dieser Anregung folgen, merken, dass Sie bei dem Versuch, zu jedem einzelnen Buchstaben eine Familienerinnerung auszugraben, auf längst vergessene Ereignisse stoßen. Längst vergessene Gefühle, längst verschollene Fröhlichkeiten, vernachlässigte Menschen oder Dinge ... plötzlich wachen sie wieder auf. Das ABC entfaltet sich zu einer kleinen Familien-Enzyklopädie. Einer Anthologie der persönlichsten Erinnerungen aller Familienmitglieder.

Und Kinder hängen an ihren Familien, da sperren sie Augen und Ohren auf!

Keine Sorge, Sie werden sich gar nicht übermäßig anstrengen müssen. Wenn Sie nämlich beispielhaft fünf oder sechs solcher Buchstaben- und Bildergeschichten vorgelegt haben, wird Ihr Kind selber anfangen, in seiner Erinnerung zu wühlen. Wird Gefühle und

Geschichten ausgraben. Dabei wird spürbar, dass Familie »Gemeinsamkeit« ist, die sich aus dem feinen Stoff des Erinnerns speist, – und dies ist vielleicht wichtiger als das Abfragen des ABC.

Überall liegen Buchstaben herum

Noch ein Vorschlag, wie Sie das Lernen in das familiäre Leben integrieren können: Dazu brauchen Sie eine kleine Vorbereitung. Schreiben Sie das ABC (am besten wieder mit bildhaften Symbolen illustriert) auf kleine Pappkärtchen und verstecken Sie diese überall in der Wohnung. Sie können gemeinsam mit Ihrem Kind – noch besser: mit mehreren Kindern, auch die älteren beteiligen sich gern – folgende schlichte Regel verabreden. Wer einen Buchstaben gefunden hat, bringt ihn – triumphierend – in ein vorgesehenes Kästchen und bekommt einen Punkt. Wenn das ganze ABC im Kästchen liegt, werden die Punkte zusammengezählt. Wer die meisten Buchstaben gefunden hat, hat gewonnen.

Natürlich kann man die Regel beliebig variieren. (Großbuchstaben bringen zwei Punkte, oder: es gibt Schwierigkeitsgrade des Wiederfindens, die mit jeweils 1 oder 2 oder 3 Punkten belohnt werden.) Dem Einfallsreichtum sind keine Grenzen gesetzt. Gerade in diesem Punkt können Sie sich gern auf Ihre Kinder verlassen, ihnen fallen immer neue Regeln ein – meist solche, die Sie zu ihren Gunsten auslegen können.

Der Witz an der Geschichte liegt wiederum darin, dass die Buchstaben an eine emotionale Bedeutung gekoppelt werden. Verstecken und Suchen ist außerdem ein uraltes Kinderspiel. Kinder suchen für ihr Leben gern. Nicht nur Ostereier, auch Buchstaben.

Mein liebster Stuhl, mein schönster Teppich ...!

Das Suchen in der Wohnung hat eine zusätzliche emotionale Bedeutung. Ich will sie Ihnen kurz erläutern:

In seinem ersten und zweiten Lebensjahr lernte das Kind die

Wohnung kennen, es ist sein erstes Zuhause, seine erste Wahrnehmungsordnung, seine erste Bewegungserinnerung.

Nichts ist so vertraut wie der Parkettboden, über den es im Wohnzimmer seine kleinen Knie schlürfte, nichts ist so lieb geworden wie der uralte Teppich, der immer noch auf dem Flur liegt und in den es sich kichernd eingerollt hat, nichts ist seinem Selbstempfinden so nahe wie diese allerfrühesten Körpererfahrungen. Auf diese Weise hat Ihr Kind ein erstes Gefühl für räumliche Ordnung entwickelt. Es hat zugleich ein allererstes Verständnis von Kausalität entwickelt. Kausalität heißt erstens, die Objekte in einer Wohnung bleiben auch dann »vorhanden«, wenn ich sie gar nicht sehe. Auch der Abstand zwischen ihnen bleibt immer gleich. Die Beziehung zwischen dem einen Ding im Raum und einem anderen Ding im Raum ist *beständig*.

Aus dieser Beständigkeit lassen sich die Bezüge der Dinge untereinander ableiten. Aus dem Küchenschrank holt man den Teller und stellt ihn auf den Tisch und wieder zurück. Das ist eine Verbindung. Man kann sie sehen. Verschiebt man den Teppich an einer Stelle, verschiebt sich der Stuhl an einer anderen Stelle, das kann man beinahe noch sehen. Transportiert man den Küchenschrank in das Wohnzimmer, verdoppelt sich der Weg zum Tisch. Das kann man nicht sehen, aber man kann es sich vorstellen und in Zahlen ausdrücken.

Kurzum, die Erfahrung der räumlichen Ordnung ist eine Grundlage des abstrakten Denkens. Elementare Voraussetzung dafür ist wiederum das sichere Bewusstsein, dass die Dinge, die Räume, die Möbel, die Entfernungen zwischen ihnen, beständig, »konstant« sind. Entwicklungspsychologisch heißt das: Die Objektkonstanz ist Bedingung der Kausalerfahrungen, beide sind an eine Raumerfahrung, eine topologische Orientierung gebunden. Diese erwerben Kinder in der Wohnung, im »Raum der Familie«.

So fließen emotionale Verlässlichkeiten und das Reifen des abstrakten, logisch-systematischen Verstehens ineinander. (Wer sie im späteren Lernen künstlich wieder auseinander zerrt, vergibt die verlässlichste Quelle der Lernmotivation.)

Dies alles bringen wir nun in unserem kleinen Buchstaben-Such-Spiel mühelos unter. Der eine Buchstabe findet sich im Kühlschrank, der andere schräg gegenüber unter dem Topflappen, ein dritter in Papas Arbeitszimmer (wo er nun überhaupt nicht hingehört!), und so werden beim Suchen immer wieder die Relationen zwischen den Gegenständen, die unterschiedlichen Entfernungen abgemessen, sie werden in Erinnerung gerufen und verknüpfen sich mit jenem ersten Erfahrungslernen, das ich eben skizziert habe: *die vertraute Wohnung als Lern-Basis für die unvertrauten Buchstaben.* Was unser Lernanfänger als Kleinkind in der Wohnung erkundet und ertastet hat, das wiederholt er jetzt beim Schrifterwerb. Das erste Lernen ist ihm gelungen, er verbindet positive Erinnerungen damit. Sie werden als Selbstvertrauen beim Erlernen der Buchstaben wieder produktiv.

Ein F wie ein Finger

Wir haben bereits für jeden Buchstaben ein Symbol entwickelt. Versuchen Sie jetzt einmal, dieses Buchstaben-Symbol mit dem jeweiligen Ort zu verknüpfen, an dem Sie den Buchstaben versteckt haben.

An der Kommode hat sich der kleine Hans, als er vier Jahre alt war, die Finger geklemmt. Der Buchstabe darin könnte das »F« sein, als Symbol für den langen, dick verbundenen Finger.

Der Herd ist heiß, das hat Tina als 5-jährige schmerzlich erfahren. Ein »H« liegt in der Nähe des Herdes, vielleicht mit einem großen Warnschild auf dem »H« = heiß und »H« = Herd steht.

Unsere familiäre Wirklichkeit ist angefüllt mit solchen kleinen und großen Ereignissen, mit Verweisen, die allesamt Erinnerungen ans Licht befördern. *Lernen und liebevolles, sehnsüchtiges Erinnern – zwei Seiten einer Medaille.*

9. Kapitel

Jetzt wird's langweilig!

Wir kommen in unserem voranschreitenden Training jetzt leider in eine Lernphase, die ein wenig langweilig ist. Man erkennt es vor allem daran, dass sich das Lernen in der Familie bei den folgenden Übungen nicht sonderlich vom Lernen in der Schule unterscheidet. Abgesehen natürlich davon, dass es sehr viel konzentrierter ist, dass man sehr viel weniger Zeit dafür benötigt, weil sich ein Kind in enger Beziehung zu den Eltern Lernübungen auf ganz andere Weise als in der Schule einprägt. Dies alles vereinfacht das Lernen zu Hause selbst bei den folgenden und leider unumgänglichen »Langweiler-Übungen« erheblich.

Auch Langeweile kann Spaß machen. Kinder wissen so etwas ganz genau, mit seinen besten Freunden erlebt man oft die langweiligsten Stunden. Und auf seltsame Art und Weise kräftigen gerade solche Stunden eine Freundschaft mehr als ein gemeinsamer Kinobesuch oder ein rundum geglückter Computerspiel-Nachmittag.

Redundanz – schon mal gehört?

Wir beginnen mit dem »Morphem«, das ist ein Wort, das Sie in jedem Lese- und Schreibbuch finden, erklärt wird es nirgendwo. Sie werden, wenn Sie einmal in den Lernbüchern blättern, immer wieder auf Fachbegriffe stoßen, die kein Mensch kennt und die wie selbstverständlich vorausgesetzt werden. Dies ist so einer der Tricks, mit denen Pädagogen versuchen, ihren Wissensvorsprung aufrecht zu erhalten. Lassen Sie sich davon nicht einschüchtern.

Ein »Morphem« ist beispielsweise das Ende »er«, das in zahllosen Worten vorkommt. Bäcker oder Wecker, kluger oder lauter, rasender oder liebender usw.

Ein anderes Morphem ist das »el« (»Segel«), ebenso das »en« (backen), oder das »es«, das »et«, das »ne«, das »re«, das »se«, das »te« usw.

Es geht nun darum, dass Ihr Kind diese Buchstabenzusammensetzung sofort, gleichsam routinehaft erkennt. Ihr Kind wird auf diese Weise auch herausfinden, dass bestimmte Endungen auch bestimmte grammatische Funktionen beschreiben. Beispielsweise enden viele Nomina auf »er«, viele Verben auf »en«. Auch wenn Sie die Unterscheidung von Nomina und Verben noch gar nicht geübt haben, versteht das Kind in dieser Lernphase bereits, dass hier unterschiedliche *Wortarten* auftauchen. Sie müssen daraus nicht gleich eine Formel, eine Regel oder ein Prinzip bilden. Insgesamt ist es so, dass das Auswendiglernen von Regelhaftigkeiten Kindern meist sehr wenig hilft. Den impulsiven und bei grammatischen oder syntaktischen Übungen nicht besonders aufmerksamen Kindern erst recht nicht. Die abstrakten Sätze verwirren eher, als dass sie ordnen.

Dies ist überhaupt ein Prinzip des modernen Lernens, das leider noch nicht so recht in den Schulunterricht eingesickert ist. Vergeblich und um so hartnäckiger versuchen die Lehrer, den Kindern formelhafte syntaktische oder grammatische Regeln einzupauken. Die aber gleiten eben wegen ihrer Abstraktheit an der Wahrnehmung der Kinder vorbei, oder besser: Sie rutschen durch sie hindurch. Darauf folgt die typische Eltern- oder Lehrerklage: »Wir haben das schon hundertmal geübt, nach einer halben Stunde ist alles wie vergessen.«

Hilfreich sind allgemeine Regel also kaum, sie machen bestenfalls dann einen Sinn, wenn ein Kind sie bereits intuitiv befolgt – also beispielsweise Nomen automatisch (meist) groß schreibt. Dann mag die ausformulierte »Regel« als Gedächtnisstütze ihren Sinn haben.

Ansonsten gilt: Effektiv üben kann man nur mit konkreten Worten, anschaulichen Wortbildern. Je genauer Sie dabei auf die Tonlage, den *Sinnklang* eines Wortes einzugehen verstehen, desto tiefer haftet es im Gedächtnis auch impulsiver Kinder.

Rasen oder rasen oder wie?

Allein mit den eben genannten Endungen »er« und »en« können Sie Spiele in Gang setzen, die gut und gern ein oder zwei Wochen dauern. Wenn diese Spiele Spaß gemacht haben oder mit witzigen oder intensiv erlebten Ereignissen verbunden sind, dann verlassen sie das kindliche Gedächtnis nie mehr.

In jeder Familie passiert es immer wieder, dass irgendeinem plötzlich ein Ereignis einfällt, das wer weiß wie lange zurückliegt – aber die ganze Familie hat sofort bestimmte Bilder oder Stimmungen vor Augen. Eltern sind oft verwundert, wie genau sich Kinder an vielfältige, winzigste Alltagsdinge aus der Vergangenheit erinnern.

So muss es auch mit dem Lernen sein. Das Gedächtnis klammert sich immer an Details, an Winzigkeiten, an das Sinnliche und Sinnhafte. Formeln helfen nicht!

Sie werden feststellen, dass winzige Änderungen einem Wort einen völlig neuen Sinn geben. Das ist uns Erwachsenen, obwohl wir die Rechtschreibung beherrschen, meist gar nicht bewusst.

Das Wort »Rasen« bedeutet (groß geschrieben, der) etwas anderes als das Verb »rasen«.

Auch die Auswechslung oder das Auslassen eines einzigen Buchstabens führt zu grundlegenden Bedeutungsunterschieden, beispielsweise: *Reifen oder Reiben, Leben oder Beben, Braten oder Raten.*

Dies ist ein Spiel mit Buchstaben und Wortbedeutungen, das Kinder von Herzen lieben. Warum? Weil Kinder sich gern mit Ernst die Regeln und Bedeutungen der Erwachsenenwelt aneignen und sie dann ebenso gern vergnügt und fantasievoll wieder durcheinander würfeln – so haben sie schon als Drei- und Vierjährige gelernt.

Sie haben in diesem Alter beispielsweise verstanden, was eine Orange ist und was eine Zitrone und dass beide zur selben »Gattung«, zu ein und derselben »Wirklichkeitsordnung« gehören. Kaum haben sie das begriffen, werfen sie alles munter durcheinander – im Spiel ist dieselbe Orange plötzlich eine Sonne und die Zitrone ein Pfannkuchen und manchmal kann völlig unmotiviert eine Orange auch gut und gern ein Prinz sein (falls kein anderer zur Verfügung steht!). Kinderfantasien schweifen nicht – wie romantisch gesinnte Seelen manchmal unterstellen – in weite Fantasiewelten. In der Regel bleiben sie ganz nah an der Erwachsenenordnung, sie haben aber eine besondere Lust daran, diese Ordnung zu verwirren und auf den Kopf zu stellen. Eben dies passiert mit dem Vertauschen von Buchstaben in einem Wort.

Die erwachsene Welt tritt mit ihren Bedeutungsinhalten ja immer so schwer, verlässlich und endgültig auf. Gehen heißt eben Gehen, eine Norm ist eine Norm, eine Vorschrift eine Vorschrift usw. Für Kinder ist es offensichtlich ein geradezu befreiender Vorgang, wenn sie die Erdverhaftung und Schwere dieser Bedeutungswelt auflockern können. Gehen heißt eben auch (beinahe) sehen, man muss nur einen winzigen Buchstaben ändern. Haben heißt auch heben und laben auch leben. Ein Wagen kann auch klagen, wir können an ihm nagen oder anderes wagen.

Ein Schrank ist ein Schrank ist ein Schrank …

Erinnern Sie sich bei solchen Übungen einmal an Ihre eigene Kindheit. Sie selber haben mit der Bedeutungsdiffusion von Wörtern gespielt. Jedes Kind hat sich einmal vor einem Schrank oder einem anderen vertrauten Gegenstand aufgestellt und das Wort, das diesen Gegenstand bezeichnet, unaufhörlich wiederholt. Der Schrank ist ein Schrank, Schrank, Schrank …, bis sich die Wortbedeutung von dem Gegenstand ablöste, das Wort ganz fremd und verwegen im Raum hing und auf der anderen Seite dadurch auch der Gegenstand seine vertraute Kontur und Form verließ. Der Schrank war plötzlich ein eigenartiges, fremdes, eigenwillig materielles Gebilde, die Dinge *und* die Wörter waren wie ein Traum, man konnte den Boden unter den Füßen verlieren dabei, das machte Angst, lustvolle Angst …

Und dann atmete man tief durch und gab das Spiel schnell auf, und Wort und Gegenstand fielen wieder ineinander und waren wieder vertrauter Klang und vertrautes Ding. Der Schrank war wieder Schrank!

Wörter in Ketten

Sie merken an solchen Beispielen, dass ich immer wieder darauf hinaus will, seelische Tiefenschichten, die durch Worte, Sprache und Syntax geprägt sind, in das Lernen einzufügen. Dies kann nur im Rahmen von vertrauten Umgebungen gelingen, nur mit vertrauten Menschen, mit denen ein Kind seine ganze kleine Lebensgeschichte verbindet.

Ein bei meinen Kindern beliebtes Spiel bildet die so genannte Wortkette. Jeder darf pro Wort einen Buchstaben ändern oder hinzufügen oder einfach die Groß- und Kleinschreibung austauschen.

Beispiel:
Sie geben »wagen« vor.
Ihr Kind, weil es besonders clever ist, sagt: Wagen mit großem W.
Sie sagen – nun? Was?! Na eben: Sagen.
Ihr Kind: Segen.
Sie: regen.
Das Kind: Regen (mit großem R …)
und so werden Sie zu Ihrer Überraschung merken, dass das Spiel zehn Minuten oder länger dauert. Es findet sich immer noch ein weiteres Wort.

Sie glauben mir nicht? Also gut:
– ragen, rasen, der Rasen, die Rassen, lassen, Tassen, Massen, Klassen, hassen, Hasen, haben, heben, Reben … usw.

Und danach darf man zwei Buchstaben austauschen oder einen Buchstaben im Wort verschieben … kurzum, es gibt für das Spiel viele kleine Regelveränderungen (nur nicht stur an *einer* Regel festhalten, Kinder mögen sowas nicht!), und auf diese Weise können Sie spielen, bis der Morgen graut oder Ihnen die Lust ausgeht.

Damit Ihnen unsere kleine Übung nicht allzu spielerisch vorkommt und damit Sie sicher sind, dass wir es mit fachlich höchst fundierten Übungen zu tun haben, verrate ich Ihnen die lernpsychologische kompetente Bezeichnung für das, was da trainiert wird: Also, Sie üben die »visuelle Differenzierung«, in gewissem Umfang auch die »auditive Differenzierung« und insbesondere das »phonematische Wortgedächtnis«, aber auch den »Grundwortschatz« Ihres Kindes.

Und wie es lernt, Ihr Kind, mit derselben Lust und demselben Eifer, der allen Kindern beim Spielen von alters her eigen ist!

Wach, flach, Dach – ach!

Wir kommen noch einmal zurück auf die anfangs erwähnten Buchstabenfolgen. Unsere Sprache steckt voller so genannter »Signalgruppen«; damit sind solche Buchstabenfolgen gemeint, die in sehr vielen Worten vorkommen.

Ihr Kind liest natürlich viel fließender, wenn es diese Buchstaben oder »Signalgruppen« sofort und routiniert »erliest«. Dies ist eine Übung aus der neueren Legasthenie-Therapie, und sie ist tatsächlich recht nützlich.

Der Fachbegriff dazu – wollen Sie ihn wirklich wissen? – »Redundanzausnutzung«.

Ich nenne einige Beispiele, Sie werden ohne Mühe zehn weitere finden. Auf geht's!

Zur Signalgruppe »*ach*« gehören Wörter wie »Dach, flach, wach, Krach, Sache« usw.

Zu »*auch*« gehören »Bauch, fauchen, Hauch, Lauch, krauchen, rauchen« usw.

Zu »*ink*« (aus irgend einem Grund meine Lieblingssignalgruppe) gehören »blinken, hinken, sinken, winken, trinken« usw.

Zu »*ipf*« gehören Gipfel, Wipfel, Zipfel;

das »*schr*« kommt in unendlich vielen Worten vor, sie fallen Ihnen bestimmt selber ein,
auch das »*itt*« hat eine Fülle von Worten um sich herum, nämlich u. a. »bitte, Kitt, Gewitter, wittern, zittern, Ritter« usw.
Die Buchstabenfolge »*ung*« ist auch eine Signalgruppe. Das »ung« ist in der Regel am Ende eines Substantivs zu finden, es dient oft der Substantivierung eines Verbs, etwa die »Haltung, Wertung, Drohung und Betonung« usw.
Gehen Sie in Ihrem Kopf einfach eine Reihe von Wörtern durch und schauen Sie, welche Buchstabenreihen Sie darin wiederholt finden. Noch besser, Sie setzen sich mit Ihrem Kind zusammen und fangen an, gemeinsam zu grübeln und nach Buchstabengruppen zu suchen, z. B. »itz«, »all«, »ill« usw.

Alle Melancholie beginnt mit »ver-«

Da wir uns jetzt schon so vergnügt darum bemühen, Worte zu zerlegen, können wir noch einen kleinen Abschnitt hinzufügen. Er hilft Ihrem Kind dabei, die Worte in Silben zu zerlegen.
Viele Verben haben verschiedene Vorsilben. Entsprechend verändern sie ihre Bedeutung.
Die erste Vorsilbe, die mir immer sofort einfällt, lautet »ver«.
Also: Vergeben, vergessen, verlaufen, verlieren, *vergeblich* …
Na, »vergeblich« ist natürlich kein Verb.
Die Vorsilben sind eben nicht nur an Verben gebunden. Sie lernen gemeinsam mit Ihrem Kind, dass mann sich auf Regeln nicht verlassen darf. Regeln stützen nur!

Wettbewerb mit »ver-« und »ent-«

Die nächste Spielidee ist Ihnen wahrscheinlich auch schon eingefallen. Ein Wettbewerb mit Ihrem Kind: Wer findet die meisten Ver-Worte?
Sie beginnen mit »vergewissern«, Ihrem Kind fällt »verlieren« ein, Sie sagen »verwirrt«, Ihr Kind »verflucht«, Sie runzeln die Stirn,

überlegen kurz, ob eine väterliche oder mütterliche Ermahnung angebracht ist, und verzichten großmütig, Sie sagen stattdessen »versunken«. Ihrem Kind fällt darauf »betrunken« ein, es kichert laut, Sie runzeln schon wieder die Stirn, diesmal etwas auffälliger, und das Kind muss laut lachen. Betrunken war doch Onkel Georg auf der letzten ... Aber lassen wir das! Be- ist nicht ver-, Sie haben gewonnen! Hurra, rufen Sie.

Ich erzähle diese kleine Übung mit Bedacht so familiär, denn genau auf diese Weise sollen Sie mit Ihrem Kind diese Buchstabengruppen einüben. Ich nenne Ihnen gleich noch einige Vorsilben. Andere werden Sie selber herausfinden!

Das Ende ist keine Ente

Legen Sie bitte besonderen Wert auf die Vorsilbe »ent«.

Sie werden möglicherweise selbst für einen Augenblick überlegt haben, wie man dieses »ent« denn nun schreibt, mit »d« oder »t«?

Sehen Sie, dieselbe Schwierigkeit hat Ihr Kind auch.

Das ist auch kein Wunder, denn »end« im Sinne von Ende wird tatsächlich mit einem »d« geschrieben und kommt relativ selten vor – beispielsweise in endlich – und »ent« als Vorsilbe für entfernen, entkommen, entgehen läuft einem eben relativ häufig über die Buchseiten.

Kinder haben Spaß daran, wenn die Dinge in einer wirren Ordnung dargestellt werden, ihr lebendiger Sinn kann sich in solche intelligenten Wort- und Bedeutungsspiele viel besser einklinken als in abstrakte Regeln. Furchtbar hat »bar« als Endsilbe, Bargeld hat nicht einmal »bar« als *Vorsilbe,* sondern ist eine eigenständige Silbe.

Klingt kompliziert? Ist es vielleicht auch. Aber diese Art der Kompliziertheit ist den kindlichen Wahrnehmungen verwandt und bereitet einem Kind viel weniger Schwierigkeiten, als wenn Sie stur und steif darauf bestehen, dass »bar« eben eine Endsilbe sei, und dies wie eine Regel auswendig lernen lassen. Die abstrakte Frage:

Was sind Endsilben? ist für ein Kind langweilig und quälend. Das hin- und herrutschende »bar« mit seinen unterschiedlichen Bedeutungen dagegen macht Spaß.

Fleißig? Ist ja grauslich!

Endsilben führen uns zu einem weiteren Fehler, der keineswegs nur legasthenischen oder unaufmerksamen Kindern unterläuft, nämlich die Unterscheidung zwischen »ig« und »lich«.

Wie schreibe ich fleißig? Die allermeisten Kinder, die ja von den Lauten auf die Rechtschreibung schließen, schreiben fleißig zunächst einmal mit einem »ich«, was ja auch ganz logisch wäre.

Logisch, aber nicht richtig.

Schrecklich und herrlich hingegen schreibt man bekanntlich tatsächlich mit »ich«, wird aber von den Kindern, denen man gerade abstrakt eingepaukt hat, dass das gesprochene »ich« »ig« geschrieben wird, tapfer mit »ig« geschrieben. So entstehen Sätze wie: »Ich bin heute fleißich und finde das herrlig!«

Der Satz ist ohnehin eine Lüge, deswegen ist es in diesem Fall nicht so schlimm, dass er falsch geschrieben ist.

Machen Sie Ihr Kind auf folgenden kleinen Trick aufmerksam. Das »ich« als geschriebenes »ich« hat immer ein »l« vorweg. Herrlich, schrecklich, weinerlich usw. Als Endsilbe lautet die Silbe gar nicht »ich«, sondern eigentlich »*lich*«.

Das »l« kann man hören, das »ich« hört man als Unterscheidung zum »ig« leider nicht. Wo ich kein »l« höre, schreibe ich sinnvollerweise »ig«, also fleißig, riesig, mäßig, müßig usw.

Dieser kleine Hinweis ist erfahrungsgemäß sehr viel effektiver und prägt sich besser ein als die in unseren Lernbüchern angegebene so genannte »Verlängerung«. Natürlich kann man das Wort auch verlängern, um die richtige Schreibweise zu »hören«. Der »fleißige« Bauer lässt uns deutlich hören, dass sein Fleiß mit »ig« geschrieben wird.

Aber diese formelhafte Anregung ist viel zu umständlich. Gerade in einem Diktat haben die aufgeregten Kinder gar keine Zeit für umständlich-regelhaftes Nachdenken, das »l« hingegen hören sie sofort.

Wir zertrümmern Worte

Wir haben mit all diesen Übungen die Aufmerksamkeit auf Buchstabengruppen bzw. auf Silben gelenkt. Dies ist ein äußerst hilfreicher Hinweis. Sind Buchstabe, Wortbedeutung, Lautklang und regelhafte Übersetzung ins Schriftbild einigermaßen vertraut und haben Sie außerdem eine Reihe von Buchstaben- oder Signalgruppen oft genug mit Ihrem Kind durchgespielt und geübt, dann empfiehlt es sich, die Wörter in Silben zu zerlegen.

Offensichtlich ist es so, dass die Zerlegung in Silben die kurzen Aufmerksamkeitsspannen unserer Kinder nicht überfordert. Außerdem macht es ihnen aus vermutlich denselben Gründen, wie ich sie vorhin bei der Vertauschung von Wortbedeutungen genannt habe, Spaß. Worte zerlegen erinnert an das Vergnügen von Kleinkindern, alles und jedes zu zerfetzen und zu zerstreuen und anschließend wieder zusammen zu setzen.

Es ist eine Art Wort-Lego, das wir mit den Silben betreiben. Lego ist nicht zufällig ein Lieblingsspiel unserer Kinder.

Wir üben also einige Nachmittage lang – und lassen uns dabei viel Zeit, denn dies ist eine Grundübung –, die Worte in Silben zu zergliedern. Dazu finden Sie in jedem Rätselheft Übungen, die guten alten Silbenrätsel beispielsweise. Sie kommen aus der Lernpsychologie. Es kann allerdings auch sein, dass die Lernpsychologen bei den Rätselfreunden abgeguckt haben – so genau weiß ich das nicht!

Jedenfalls sind Silbenrätsel hervorragende Übungen, Sie können sie auch – viel leichter als etwa Kreuzworträtsel – selber zusammenstellen. Eine Fülle von Silben ergibt immer eine Fülle von Worten.

Silben-Geschichten

Aus Silben lassen sich außerdem eine Reihe von verrückten Geschichten erfinden, Sie schreiben gemeinsam mit Ihrem Kind eine abenteuerliche oder irrwitzige oder auch nur völlig unsinnige Geschichte auf (nicht zu lang!). Dann machen Sie sich die Mühe – oder lassen Ihr Kind sich Mühe geben! –, jeweils vier Worte eines Satzes in Silben zu zerlegen. Diese Silben werden wild gemischt unter den Satz geschrieben. Ihr Kind muss nun die Silben in der kleinen Geschichte wieder finden ...
Ich gebe Ihnen ein Beispiel:
Im Spukschloss spukte es. Deswegen hieß das Spukschloss Spukschloss und nicht etwa Hotel. In Wahrheit war es aber ein Hotel mit vielen Zimmern, in denen es überhaupt nicht spukte. Nur sah das Hotel aus wie ein Spukschloss und deshalb dachten alle Leute, dass es in ihm furchtbar spukt ... Folgende Silben schreiben Sie darunter: tel – heit – des – ho – ten – al. Gar nicht so leicht im Text wiederzufinden!

Geschichten, die so oder so ähnlich anfangen, in denen außerdem fliegende Hexen, durchlässige Wände, geheimnisvoll sich öffnende Schranktüren und quietschende Ratten vorkommen, entzücken jedes Kind, gleich welchen Alters. Sie werden also mit dem gemeinsamen weiteren Verfassen solcher und ähnlicher Fantasiegeschichten keinerlei Problem haben.

Und noch eine Silbe ...

Die Geschichte endet jeweils an einer besonders spannenden Stelle und wird am nächsten Tag fortgesetzt. Vielleicht bekommt Ihr Sohn den Auftrag, die geschriebenen Sätze in den Computer zu übertragen, damit sie hinterher ordentlich gedruckt, als kleines Büchlein zusammengesetzt, Oma oder Opa zum Geburtstag überreicht werden.
Ihr Sohn wird allein bei Opas Geburtstag eine freudige Erwartung entwickeln. Opa spendiert bei solchen Gelegenheiten

gern mal zwei Euro. So verknüpfen sich Lernübungen auf das Schönste mit dem ausgeprägten Sinn fürs Materielle, der alle Kinder auszeichnet. Ihr Kind wird dies sofort zur Kenntnis nehmen und sich entsprechend verhalten. Wie verhalten? Es lernt …!

10. Kapitel
Lassen Sie sich korrigieren, oder: Mein Kind weiß wirklich alles besser!

Eine Seite des Lernens, die hundert Motivationstrainings aufwiegt, lässt sich in diesem Satz zusammenfassen: Lassen Sie sich korrigieren. Vielleicht ist es wirklich ein genetisch verankerter Anteil der menschlichen Psyche, dass wir andere so gern korrigieren. Jedenfalls ist es so, dass nicht nur Lehrer, sondern auch Kinder sich mit barer Lust über ein Diktat oder über eine Rechenaufgabe hermachen, und alle Fehler suchen und finden, die ein anderes Kind oder eben Mama oder Papa dort untergebracht haben.

Suchet und ihr werdet finden – diese biblische Aufforderung wird in unseren Schulen auf penibelste Art befolgt. Was dort gesucht wird, sind häufig nur die Fehler, viel zu selten die gelungenen Ausdrücke, die richtig geschriebenen Wörter, die Fortschritte.

Aus irgendeinem Grund, der vermutlich dem Unbewussten entspringt, ist diese lernpsychologisch vielfach widerlegte Methode nicht aus der Welt zu bringen: Lehrer streichen Fehler rot an. Rot ist eine Signalfarbe, eine prägnante Farbe. Sie ruft »halt, falsch«. Mit dieser Signalfarbe werden die Fehler markiert, ich vermute, damit ein Kind sie sich besser einprägt!

Tatsächlich signalisiert die kräftige Farbe Rot einem Kind schon auf den ersten Blick, wie viele Fehler es wieder in einem Diktat verschuldet hat, die ganze Seite wirkt schon bei zehn oder fünfzehn Rot-Zeichen wie übersät. Der erste Eindruck beim Blick auf die bewertete Arbeit bestätigt einem Kind: Ich bin ein Versager, Schreiben lerne ich nie, da kann ich mich anstrengen wie ich will. Die Signalfarbe Rot gräbt diese Botschaft sozusagen tief in das kindliche Gedächtnis ein.

Warum es nicht möglich ist – obwohl tausendmal vorgeschlagen –, statt der Farbe Rot eine mildere Farbe oder ein blasses
Blau für die Fehler und ein kräftiges Grün für die Stärken oder
Fortschritte zu verwenden, das entzieht sich dem vernünftigen Begreifen vollständig.

Kinder lieben Fehler

Für Ihre Arbeit zu Hause ist es nun aber wichtig, dass Ihr Kind –
höchstwahrscheinlich an diesem Vorbild geschult – das Aufspüren
von Fehlern als lustvolle Tätigkeit empfindet. Ein wenig besserwisserisch sind wir ja alle, Kinder wie Erwachsene. Kurzum, die Fehler,
die einem Kind korrigiert werden, sind kaum lernfördernd. Aber die
Fehler, die Sie selber machen und von Ihrem Kind korrigieren
lassen, werden sich aus verschiedenen Gründen in das Gedächtnis
des Kindes einprägen.

Lassen Sie Ihre Fantasie spielen! Es gibt Tag für Tag viele Möglichkeiten, sich von seinem Kind korrigieren zu lassen.

Die einfachste Lernübung geht so: Ihr Kind diktiert, Sie schreiben! Das ist schon eine lustvolle Umkehrung der sonst so gewohn-
ten und keineswegs immer erfreulichen Situation. Das Kind hat
buchstäblich »das Heft in der Hand«, diktiert einen überaus schwierigen Text. Sie werden merken, dass Ihr Kind urplötzlich in der Lage
ist, noch die kompliziertesten und gewundensten Worte zu lesen;
sein Eifer beim Entziffern eines Wortes wie »Güterzugbahnhof«
oder »Laubfroschgras« ermüdet nicht, auch nicht nach dem vierten
oder fünften Stolpern. Es will dieses hoch komplizierte Wort unbedingt korrekt artikulieren, um Ihnen die Chance zu geben, möglichst viele Fehler zu begehen. Schon diese Art des Vorlesens unterscheidet sich von anderen Leseübungen auffallend.

Sie stellen sich bei dem Diktat leider ein wenig töricht an! Ihr
Kind wird schon merken (und darf durchaus merken), dass Ihre
»Tölpelhaftigkeit« auch ein wenig gespielt ist; Sie übertreiben,
aber das wird den Spaß keineswegs beeinträchtigen. Hier ein Fehler
und da schon wieder einer, hier ein vergessener Punkt und dort die

i-Tüpfelchen übersehen. Nachdem Sie stirnrunzelnd den komplizierten Text auf das Papier gebracht haben, schieben Sie ihn zögernd und ängstlich dem kleinen Lehrer hinüber.

»Das war wohl nix«, sagt der Kleine streng und fängt an zu korrigieren. Jeder winzigste Fehler wird stolz mit einem roten »F« am Rand vermerkt, jedes nicht korrekt ausgeschriebene »R« wird mit einem halben Fehler bemängelt, jeder vergessene Punkt wird streng geahndet. Ihr Kind kichert und plappert, und Sie sind leider, wie der allerdümmste Schüler, nicht zu belehren.

Sie haben »Farrad« geschrieben. Aufgeregt weisen Sie auf den angestrichenen Fehler und sagen: »Aber Fahrrad schreibt man wirklich mit zwei R«.

»Ist trotzdem falsch«, belehrt Sie das Kind.

»Nix da, Fahr« – Sie rollen das »R« so gut Sie können – »rad schreibt man mit zwei R, das weiß ich genau«.

»Ja«, triumphiert Ihr Kind, »aber dazwischen ...«.

»Dazwischen?« brummeln Sie. »Was soll denn dazwischen sein? Dazwischen ist nichts!«

»Doch, ein H«, beharrt der Kleine.

»Ein H«,wiederholen Sie. »Meinst du ein H, wie heiter, himmlisch, Hase oder Hut?«

»Genau, genau«, jubelt das Kind. »Fahrrad schreibt man mit zwei R« ...

»Sag ich doch«, entgegnen Sie.

»Ja aber an das H hast du nicht gedacht.«

Ihr Kind ist außer sich vor Freude.

Dieses kleine Spielchen ist für das Lerntraining ergiebiger, als es auf den ersten Blick erscheint. Wie nämlich alle Kinderspiele, die wirklich Spaß machen, kann Ihr Kind nicht genug davon bekommen. Auch ein Grundschulkind (und oft noch die 11-, 12- oder 14-jährigen) spielen so, wie sie als 3- und 5-jährige schon gespielt haben: immer wieder dasselbe! Unser »Korrigier-Spiel« können Sie beispielsweise als Motivationshilfe nach etwa einer halben Stunde regelmäßig einbauen, Sie können es an das Ende einer Übungsstunde setzen, um in jedem Fall einen versöhnlichen Ausklang zu garantieren. Sie können in einer schwierigen Phase, in der Ihr Kind absolut keine Lust zum Lernen hat, auch gleich damit beginnen, sozusagen um erst einmal in Schwung zu kommen!

Kleine Variationen machen auch die zehnte Wiederholung lust- und freudvoll. Mal sind Sie der aufmüpfige Schüler, der alles besser weiß. Ein anderes Mal sind Sie das arme bedrückte Kind, das sich vor lauter Scham über seine vielen Rechtschreibfehler nicht zu helfen weiß. In jeder Rolle werden Sie Ihrem Kind vorzüglich gefallen.

Es selber freilich bleibt unverändert und beharrt – höchstwahrscheinlich! – in seiner strengen Lehrerposition. Keine Sorge, Sie können sich in aller Ruhe jeden einzelnen Fehler, den Sie sich zu Schulden kommen ließen, von dem Kind erläutern lassen. Sie fragen nach, Sie beharren auf eine andere Schreibweise, Sie und Ihr Kind blättern gemeinsam in irgendeinem Lexikon oder Duden nach und forschen nach der richtigen Schreibweise eines Wortes. Kurzum, diese Übung eignet sich ganz besonders dann, wenn ein Kind einige Grundwörter oder einige elementare grammatische Regeln beim besten Willen nicht behalten will. Dann schreibt man eben gemeinsam an fünf Tagen hintereinander ein Diktat, in dem ganz viele »H« vorkommen, oder eines, in dem das »dass« mit Doppel-S in jedem zweiten Satz auftaucht und Ihnen jedes Mal wieder Mühe bereitet.

Ich habe dieses Spielchen vor etwa acht Jahren erfunden, ich habe es seither mit unterschiedlichen Kindern unterschiedlichen Alters mindestens zwei- bis dreihundert Mal gespielt, der Verlauf war jedes Mal der gleiche: Strahlende Kinder, ein jämmerlich dreinblickender Erwachsener, die Welt stand für Minuten auf dem Kopf und nichts bereitet Kindern so viel Spaß wie eben dies.

11. Kapitel

Wo es am schönsten ist ...

»Mein schönstes Ferienerlebnis« lautete in früheren Jahren das Thema des ersten Aufsatzes, das die Kinder nach den großen Ferien schrieben. Eine ausgesprochen sinnvolle Tradition! Warum? Weil Ferien so etwas wie Wunschzeiten der Kindheit sind, freigesetzt vom Zwang der Schule, frei vom Zwang des Leistungsvergleiches, frei von Ängsten. Hier treten die kindlichen Wünsche und die naiven Selbstbilder der Kleinen deutlich in den Vordergrund. Hier wird eine kleine persönliche Utopie in der Ferienzeit entfaltet und teilweise gelebt.

Wenn ein Kind nun nach sechs Wochen schulfreier Zeit auf diese Ferien zurückblickt und den allerschönsten, allertollsten, allererfülltesten Augenblick sucht, dann sind wir ganz nah an den intensivsten Kinderwünschen, die sich unsere Kleinen auf realistische Weise überhaupt vorstellen können. So, wie in diesem »schönsten Ferienerlebnis« wünschen sie sich ihre ganze Kinderzeit.

An der Idee des Glücks sollen wir alle Erkenntnis aufrichten, schrieb der Philosoph Walter Benjamin. Lernen sollte sich erst recht an der Idee des kindlichen Glücks orientieren, aber auf die Idee kommt in der leistungsversessenen Grundschule unserer Tage kaum jemand. So bleibt auch für Schreibübungen entlang der schönen Erinnerungen nur das Lernen zu Hause. Hier können wir diese altmodische und kluge Idee wieder beleben. Höchstwahrscheinlich mit Erfolg!

Was uns ein Kind alles schreibt ...

Am Ende der Ferien sollte, so schlage ich Ihnen vor, ein Aufsatzthema stehen: »Was war in den vergangenen Ferientagen das Allerschönste, das Allerwichtigste?« Die Antwort, die Ihr Kind aufschreibt, malt oder kritzelt, gibt Ihnen einen tiefen und unverstellten Einblick in das Wunschgelände der kleinen Psyche.

Sie müssen allerdings die kleinen Aufsätze und Kritzeleien richtig entziffern. Dazu benötigen Sie kein psychoanalytisches Grundstudium, etwas Aufmerksamkeit und etwas Sensibilität reicht aus – und welche Mutter und welcher Vater würde sie nicht für das Kind aufbringen?

Ihr Kind beschreibt beglückt eine Fahrt mit Opas Papierdampfer oder Holzboot auf einem Teich oder einem nahe gelegenen Badesee? Versuchen Sie nun einmal, den in diesem Wunschbild verborgenen Motiven auf die Spur zu kommen. Am besten wird es Ihnen gelingen, wenn Sie sich auf eine kleine freie Assoziation einlassen und dabei Ihr Kind vor Augen haben. Eine Assoziationskette könnte beispielsweise so aussehen: Wasser … Weite … Gleiten … Fließen … Hinaussegeln … Passt das alles zu Ihrem Kind? Bräuchte es mehr Harmonie, Umsorgt-Sein oder vielleicht Trost? Oder: Fahren … Abenteuer … Unruhe … Gefahr – es ist nicht sehr schwer, solche Worte und Bilder zu enträtseln, oder? Die erste Interpretation überlasse ich Ihnen. Sie liegt auf der Hand.

Eine zweite könnte so aussehen:

Vielleicht ist Ihnen Ihr Kind immer ein wenig zu ängstlich, übersensibel und einzelgängerisch vorgekommen, Sie haben bemerkt, dass es sich in sein Zimmer zurückzog und den ganzen Nachmittag vor dem Computer hockte und sich viel zu selten mit anderen Schulkindern verabredete – und nun wählt es eben dieses »schönste Ferienerlebnis« aus. Sie können davon ausgehen, dass dieses zurückgezogene Kind gar nicht zurückgezogen leben möchte. Es möchte vielmehr aufbrechen, mit anderen Kindern Freiheit und Weite genießen, *es traut sich aber nicht.* Sie können ihm dabei helfen. Sie haben eine wertvoll Information gewonnen, sie ist deshalb so besonders wertvoll, weil Ihr Kind sich sonst vielleicht nicht so direkt mitteilt!

Hoch oben auf dem Berg …!

Die Beispiele lassen sich beliebig vermehren. Ein Kind, dessen schönstes Ereignis in den Ferienwochen darin bestand, dass es auf einen hohen Berg geklettert ist, irgendwelche enge Pfade hochkraxelte und schließlich auf der Spitze des Berges ankommt (Klettern … Mühe … Keuchen … Höhe … Weite … Himmel), gibt ebenso offenkundig Auskunft über seine seelische Verfassung. Freilich sollten wir uns vor einem voreiligen Symbolismus hüten. Es ist keineswegs so, dass ein Wunschbild in jedem Fall exakt dieses oder jenes bedeutet. Die Interpretationen solcher Wunschbilder können von Kind zu Kind sehr unterschiedlich ausfallen. Am wichtigsten ist, wie immer, die Intuition, die Vater und Mutter für ihr Kind haben. Sie sollen auch keine psychologische Diagnose erstellen, sondern ein Gefühl für die Befindlichkeit des Kindes entwickeln, und am allerwichtigsten ist es wahrscheinlich, dass bei dieser Art des Lernens die ganze Aufmerksamkeit auf die innere Verfassung des Kindes gerichtet ist. Es spürt die mütterliche oder väterliche Aufmerksamkeit, es genießt sie. Lernen im Fokus einer Familie ist eben, wenn man es richtig anstellt, immer Stärkung und Bekräftigung von Gefühlen, die ohnehin vorhanden sind.

Der befreite Blick eines Kindes vom Gipfel des Berges herunter mag vielerlei bedeuten. Es kann ein Hinweis darauf sein, dass sich ein Kind in seiner schulischen oder familiären Situation beengt fühlt. Da würde es schon gern viele Mühe auf sich nehmen, kraxeln und schwitzen, um endlich auf der »Höhe« zu sein und tief durchatmen zu dürfen!

Es kann aber auch ein Hinweis darauf sein, dass unser Kind gern »von oben« auf die Welt herabblickt, gern einen perfektionistischen und immer ein wenig übergeordneten Standpunkt einnehmen möchte, um andere Kinder, um schulische Situationen, ja die eigene Familie »von oben herab« zu bewerten und zu behandeln.

12. Kapitel

Puppenspiele oder:
Ein listiger Anker für die kindliche Psyche

Mama und Papa sind der Anker, an ihnen kann sich die gefährdete Seele stärken. Dieser leicht pastorale Satz soll keine schwermütigen Übungen einleiten, sondern ganz im Gegenteil, zu Lernübungen einladen, die aus Lachen und Spaß bestehen. Beim Lernen ist insgesamt die richtige Mischung von Spaß und Ernst ausschlaggebend. Ich sagte schon, dass die Kinder auch die mühseligen Arbeit brauchen (und wollen), um auf ihre Leistung wirklich stolz zu sein. Kinder wollen nicht kindisch sein – dies ist ein Satz, den Sie sich unbedingt einprägen müssen. Aber gleichzeitig haben Kinder einen unvergleichlichen Sinn für Quatsch, für Lustigsein pur! Mit etwas Einfallsreichtum, können Sie ganz ohne Materialvorlagen eine Reihe von Spielen erfinden, in denen das Selbstbewusstsein gestärkt und das Lachen (bei manchen kleinen Schulversagern auch das »Wieder-lachen-Lernen«) geübt wird.

Kinder verkleiden sich gern, Kinder vertauschen gerne Rollen. Kinder sind gern Papa und Mama, sie sind mindestens ebenso gern Prinzessin und König, sie sind mitunter auch gern ein kleines Hündchen oder eine Katze. Aus all diesen Verkleidungskunststücken der Kleinen können wir Lernübungen basteln. Der professionelle Lerntherapeut braucht dafür entweder eine ganz besondere schauspielerische Begabung oder er muss erst eine gewaltige Hemmschwelle bei dem Kind (und oft auch bei sich selber) überwinden, um sich in solche Rollen-lern-Spiele auf natürliche Weise hineinzufinden. Mama und Papa haben dieses Problem nicht.

Sie haben schon im zweiten und dritten und im fünften und sechsten Lebensjahr mit ihrem Kleinen die skurrilsten Kunststückchen vollführt, Kasperle gespielt und Prinz und Prinzessin und nie war irgendetwas daran peinlich oder aufgesetzt. Das liegt zum einen an der natürlichen inneren Freiheit, die wir alle unseren Kindern gegenüber entwickeln. Es liegt aber auch an einer besonderen Eigenart des Kinderspiels »Ich-verkleide-mich«.

Mamas Gesicht, gut und böse

Ich will dies kurz erläutern: Ein Kind hat ja nicht von Anfang an Vater und Mutter so wahrgenommen, wie es dies als 8- oder 9-jähriges tut. Davor lagen Entwicklungsphasen, in denen das Wirkliche und das Fantastische noch ineinander verknäult waren. Mamas Gesicht war mal der freundliche Mittelpunkt der Welt, der auch die bösesten Tränen oder den Schmerz des schlimmsten Sturzes besänftigte. Aber manchmal war Mamas Gesicht auch böse und verzerrt, es riss geradezu Abgründe in die kindliche Seele.

Melanie Klein hat darauf hingewiesen, dass die »primären Bezugspersonen« in der frühen Kindheit ein Doppelgesicht tragen. Diese so genannte »Ambivalenz« bleibt im Seelenleben der Kinder erhalten. Damit sie die kindliche Seele nicht zerreißt, muss das Kind eine ganze Reihe von Verarbeitungen seelischer Art leisten. Eine dieser Verarbeitungen findet in den Rollenspielen der Kindheit statt. Sie werden etwa mit dem dritten Lebensjahr zu einem zentralen Element der kindlichen Entwicklung und Selbstfindung. In fast allen Spielen findet sich die ambivalente Grundfigur der frühkindlichen Erfahrung wieder. »Das Gute« und »das Böse« spalten sich jetzt von der Erfahrung der »Person Mama« und treten abstrakt in Erscheinung. Himmel und Hölle spielen die Kinder, die Hexe und der gute Kasper, Brüderchen und Schwesterchen und die böse Stiefmutter usw. In fast allen Kinderspielen taucht die Grundfigur des absolut Guten und des absolut Bösen auf. Aus der widersprüchlichen Wahrnehmung des mütterlichen Gesichts und der mütterlichen Erscheinung erwachsen die Abstraktionen »gut« und »böse«, die die Grundlage des späteren moralischen Bewusstseins sind.

Ich will an diesem kleinen Beispiel der kindlichen Entwicklung deutlich machen, dass die Person der Mutter und die Person des Vaters noch in den feinsten Bedingungen der kognitiven Entwicklung, der grundlegenden Wahrnehmungsordnungen, unmittelbar präsent sind. Und nun weiter: So wie aus der frühen Ambivalenz der primären Figuren – Papa und Mama – Rollenspiele entstanden, und Rollenspiele zur Verarbeitung der Ambivalenz nötig waren, so natürlich wirkt heute ein Rollenspiel mit dem Kind. Es knüpft an die frühen Erfahrungen von Verarbeitung und Differenzierung an. Halten wir uns nur vor Augen, wie intensiv das Erleben dieser Ambivalenz des mütterlichen Gesichts war, dann verstehen wir auch, warum die Kinder in ihren Rollenspielen die böse Hexe so intensiv verfolgen und den guten Kasper so lautstark bejubeln. So mächtig wie die Wahrnehmung von Mama (und Papa) in den ersten Entwicklungsjahren war, so konzentriert sind die Kinder bei ihren Verkleidungs- und Rollenspielen! Es ist diese unaustauschbare Intensität im Spiel zwischen Eltern und Kind, die jede Peinlichkeit oder

Künstlichkeit, die im Puppenspiel von Pädagogen oder Therapeuten manchmal zu spüren ist, aufhebt.

Wir spielen mit alten Puppen

Also ist es eine nahe liegende, plausible Idee, dass Mama und Papa solche Verkleidungsspiele für das Lernen wieder aufnehmen und dabei, so weit es nur eben geht, auf solche Spiele zurückgreifen, die sie real mit ihrem Kind in der früheren Kindheit gespielt haben. In jeder Familie gibt es ganz bestimmte Lieblingsspiele, die mit ganz bestimmten Puppen gespielt wurden. Kramen Sie sie wieder hervor.

In irgendwelchen verstaubten Winkeln liegen die vergessenen Puppengeschöpfe noch herum. Aber so ganz vergessen wurden sie gar nicht. Ihr Kind wird sie jubelnd wieder begrüßen, im kindlichen Unbewussten waren sie immer präsent. Man spürt das jetzt an der Innigkeit, mit der das Kind die uralte Puppe an sich drückt.

Zu jedem der frühkindlichen Spiele gehörten bestimmte Sätze oder Redewendungen, typische Ausdrücke – in jeder Familie gibt es sie! Sie fallen Eltern und Kind auch sofort wieder ein. Sie sind mit bestimmten Puppen oder bestimmten Spielen, Liedern usw. verbunden, sie lenken die Gefühle in die früheste Kindheit zurück, sobald sie nur anklingen.

All dies ist Stoff für das Lernen. Überlassen Sie sich der Spontaneität, die aus der Erinnerung gespeist wird – und überlassen Sie sich dem Einfallsreichtum Ihres Kindes. Diese Puppe hier war doch immer die Prinzessin, und die dort der brummige König (obwohl es sich bei näherem Hinsehen offensichtlich um eine Puppe weiblichen Geschlechts handelt!). Und wo ist denn der Prinz geblieben?

Lassen Sie sich bloß nicht von einer falschen Ernsthaftigkeit, die uns bei dem Wort »Lernen« so oft ankommt, davon abhalten, jetzt, mitten im Lernen, Prinzessin und König aufmarschieren zu lassen (der Prinz findet sich schon noch im verstaubten Winkel), und denken Sie bitte nicht, ein Rollenspiel von der Art »die Prinzessin heiratet« habe nichts mit Lernen zu tun. Es ist eben dies: *lebendiges Lernen.*

Zum Beispiel hat der König einen Sprachfehler. Den hatte er früher möglicherweise nicht. Jetzt stockt er bei jeder Silbe und wiederholt sie bis zu zehnmal. Das ist bei einer Hochzeitszeremonie – denn die kleine Prinzessin will heiraten, alle kleinen Prinzessinnen wollen das – natürlich äußerst störend. Er ändert aber nichts daran, dass der König – er ist in der Zwischenzeit eben auch älter und störrisch geworden! – darauf beharrt, dass alle seinen silben-zergliedernden Sprachstil nachsprechen. (»Lie-lie-liebe An-An-Anwesende!«) Sie tun es – mitsamt Kind und Puppen! Das ist Silbentraining, nichts anderes. Auditive Segmentation, um genau zu sein!

Oder die Prinzessin, blond und wunderschön, hat leider eine kleine Macke. Sie erläutert zu jedem Wort, ob es groß oder klein geschrieben wird. Dieses Spiel spiele ich mit meiner 5-jährigen Tochter derzeit bis zum Überdruss. »Ich – großes I – will – kleines w – meinen lieben – alles klein – Prinzen – groß! groß! …« usw.

Manchmal fängt die Prinzessin mitten im Wort an zu buchstabieren, auch sehr störend. Natürlich geht das König und Prinz erheblich auf die Nerven. Der Papa-König flüstert dem Prinzen immer wieder ins Ohr: »Mann, ist die blöd, die weiß nix, willst du die wirklich heiraten? Na, du musst es ja wissen …« Mein 5-jähriges Töchterchen kringelt sich vor Vergnügen. Eine Achtjährige verhält sich nicht viel anders.

Alle Eltern haben die Begabung zum spontanen Spiel. Sie nutzen sie nur nicht. Alle haben Spaß daran, gemeinsam mit ihrem Kind in die früheren Jahre der eigenen Kindheit einzutauchen – »zwei Kindheiten« vermischen sich in der Intensität des Spiels auf die schönste Weise. Und alles ist Sprache, sie müssen nur jeweils, damit die Bezeichnung »Lernen« zu ihrem Recht kommt, die »*Bewusstheit*« des sprachlichen Ausdrucks hinzufügen. Zwei Beispiele habe ich Ihnen eben genannt. Spielen Sie erstmal intensiv und versunken mit, dann fallen Ihnen hundert und mehr selber ein.

Hexen und Silben

Beispielsweise die Hexe, die nur Sätze mit mindestens einem -ei- oder -au- bilden kann. Wie komisch die redet! »Weiß auch keiner, wie leid ich lauter Leute bin«. Oder jedes i wird mit einem u vertauscht – »mit eunem i vertaischt« – klingt komisch? Spielen Sie's, Sie werden sich wundern, wie schnell Sie sich daran gewöhnen. Und dann? Dann gewöhnen Sie sich wieder um! Dies alles sind intensive Konzentrations- und Worbildungsspiele, die sich im Gedächtnis auf komplexe und deshalb nachhaltige Weise verankern.

Hip-Hop-Reiter

Darüber hinaus gibt das »Backe-backe-Kuchen«-Spiel oder die »Hoppe-Reiter«-Übung, die nicht nur beim Kind, sondern auch bei Mutter und Vater schöne Erinnerungen aufkommen lassen.

Das Kuchen-Spiel beispielsweise machen Sie auf folgende Weise für das Wort- und Silbentraining nützlich:

Wie hießen die Sieben oder Vierzehn-Sachen noch mal, die man zum Backen braucht? Mehl und Salz, nun ja, aber auch kneten und streichen, rühren und putzen ... Das erste sind die Dinge, das zweite die Tätigkeiten. Aus dem Kleinkindspiel wird ein Schulkindspiel.

Es gibt mehr als einen Grund, warum man alle diese Spiele, die Reime, die Melodien in das aktuelle Lernen mit 9- oder 10-jährigen aufnehmen sollte. Wir haben bereits vom Silbentraining gesprochen. Dieses Silbentraining, sagte ich, erhöht die lautsprachliche Vergegenwärtigung der Schriftweise (phonematisches und visuelles Gedächtnis), was bei richtiger Betonung auf mögliche Rechtschreibfehler hinweist.

Nun kann man, wie wir im letzten Kapitel gesehen haben, Silben mit Hilfe königlicher Sprachfehler üben, aber ebenso gut und genauso effektiv mit alten Kinderreimen. Manche Reime sind auf die Silbenaufgliederung geradezu angelegt.

Ich nenne ein klassisches Beispiel; Sie kennen zweifellos eine Reihe weiterer:»Meine Mu, meine Mu, meine Mutter schickt mich her, ob der Ku, ob der Ku, ob der Kuchen fertig wär'. Wenn er no, wenn er no, wenn er noch nicht fertig wär', käm' ich mor, käm' ich mor, käm ich morgen wieder her.«

Dies ist ein wunderschönes Beispiel eines Kinderreimes, der so aufgesagt wird, dass er das – noch so ein hochtrabendes Wort! – phonematische Bewusstsein übt. Mit dem »Hoppe Reiter« oder dem »Backe Kuchen« können sie Rhythmisierungen, also Körperbewegungen in der Folge von Silben, anstellen.

»Hop-pe, Hop-pe Rei-ter, wenn er fällt, dann schreit er, fällt er in den Gra-ben, fres-sen ihn die Ra-ben.«

Genauso, mit dieser betonten Silbentrennung, haben Sie das uralte »Hoppe Reiter«-Spiel mit Ihrem Kind gespielt. Ist noch nicht so lange her! Jetzt vergegenwärtigen Sie sich gemeinsam, dass *die Bewegung des Körpers* im Spiel genau der *Abfolge der Silben* gehorcht.

Und es kommt noch etwas hinzu. In der Zwischenzeit haben Sie ja schriftliche Silbentrennung mit Ihrem Kind geübt. Heute *hört* es die vertrauten Worte auch mit einem »Schriftbewusstsein«. Dabei läuft im Kopf des Kindes ein weiterer geistiger Vorgang ab: Es verbindet die Laute und die Körperbewegungen mit dem Schriftbild, es ruft im Hoppe-Reiter-Spiel zugleich die Wortbilder auf und prägt sie sich ein.

13. Kapitel

Die Welt der Buchstaben und Wörter ist voller Geheimnisse

Nachdem wir nun gemeinsam mit unserem Kind die elementaren alphabetischen Zeichen und die wichtigsten Wörter (Grundwortschatz) gelernt haben, können wir uns auf eine abenteuerliche Reise durch die Buchstaben-Welt begeben. Es macht viel Sinn, die gelernten Buchstaben und Worte auf möglichst vielfältige Art und Weise einzuüben. Je eindeutiger sie weiterhin mit dem emotionalen Erleben verknüpft sind, desto wirksamer fällt das Lernen aus.

Wir haben versucht, die Wörter auf den Kopf zu stellen, umzudrehen, hin und her zu schleudern, die gelernten Wortbilder umzukehren, wir wollen jetzt ihre dunkle Unterseite betrachten, um die vertraut gewordenen Wortbilder mit einem Geheimnis zu umschleiern.

Eine ganz andere Sinnhaftigkeit!

»Sinn« hat nämlich immer *auch* mit Doppeldeutigkeit zu tun.

Wir haben im ersten Schritt zwar gelernt, dass ein »A« ein »A« und ein »B« ein »B« ist, dass ein Baum so und so und eine Gabel so und so geschrieben wird – und nun lernen wir (auch wir Eltern haben oft zu wenig Verständnis für die Geheimnisse der Schriftzeichen), dass Sprache eine überaus mysteriöse Angelegenheit ist und die Schrift voller Wunder und Tücken steckt.

Kurzum, entlang der Schriftzeichen begeben wir uns nun in eine wunderbare, »umgekehrte« Welt. Das erste große Geheimnis, das uns in unserem Alltag ständig begegnet, ist der *Spiegel.*

Spiegel sind mörderisch

Eine der schönsten Kriminalgeschichten des letzten Jahrhunderts – Dorothy Sayers hat sie geschrieben – handelt eben von Spiegeln. Der mutmaßliche Mörder existiert im Spiegel, tritt aus dem Spiegel *heraus*, das Spiegelbild tötet einen Menschen. Die Morde sind unwahrscheinlich, ja unmöglich, aber sie wirken seltsamerweise nicht wirklich unglaubwürdig. Aus irgendeinem Grund erscheint es uns beim Lesen plausibel, dass ein Spiegel einen mörderischen Gesellen beherbergt, der jederzeit in die reale Welt hinüberwechseln kann, um grausame Taten zu verüben.

Diese *Plausibilität eines unmöglichen Geschehens* lässt sich rational nicht erklären, sie erklärt sich allein dadurch, dass die Existenz des Spiegels uns allen einen mysteriösen Schauer einjagt. Dem Spiegel trauen wir alle Ungeheuerlichkeiten zu! Und so erscheint es denn bei aller Irrationalität auf wundersame Weise wahrscheinlich, dass der

Spiegel die Quelle aller möglichen Geheimnisse ist, dass einer in ihm wohnt und aus ihm heraustritt, dass er mordet und wieder im Inneren des Spiegels (ortloser kann kein Ort sein) verschwindet.

Dies ist eine der skurrilsten und schönsten Kriminalerzählungen des 20. Jahrhunderts. Soll ich Ihnen die Auflösung verraten? Sayers hat auf eine genial einfache Weise das Spiegel-Geheimnis mit einem anderen »natürlichen«Geheimnis verknüpft: Zwillinge. Auch Zwillingen wohnt eine Ungeheuerlichkeit inne. Dass eine individuelle Existenz doppelt in Erscheinung tritt, das ist ein ebenso unmöglicher Vorgang, der uns gleichwohl täglich begegnet oder begegnen könnte und aus diesem Grund wie der Spiegel zu allen möglichen Unwägbarkeiten begabt ist.

Die Lösung bei Sayers: Nicht der Spiegel mordet, nicht aus dem Spiegel trat der Mörder, sondern ein Zwilling mordete, während sich sein Zwillingsbruder im Spiegel »spiegeln« ließ und damit die Wahrnehmung der Zeugen verwirrte. Eine geniale Geschichte, wie gesagt. Es gibt in unserer Kultur vermutlich überhaupt keinen Leser, der von beiden Motiven und der Verklammerung beider Motive nicht fasziniert wäre.

Was ein Spiegel alles verrät …

Spiegel stehen in jeder Wohnung. Mithilfe der Spiegel können wir auch das Geheimnis der Wörter und Buchstaben erleben. Wir schreiben einen oder zwei Sätze und halten ihn vor einen kleinen, auf dem Tisch aufgestellten Frisierspiegel. In ihm vertauschen sich die Buchstaben auf geheimnisvolle Weise – stehen sie auf dem Kopf? sind sie umgekehrt? ist links rechts und rechts links? –, ein kleines Mysterium, wir können und wollen es nicht auflösen.

Wir sollten es auch gar nicht versuchen! Unsere Kinder lieben Geheimnisse. Sie sind fasziniert vom Mysteriösen. Jeder Buchstabe, nein, jeder Strich, jeder Haken, jede Beugung des Schriftzeichens prägt sich nun in dieser eigenwilligen Verkehrung auf schwierige Weise ein.

Ich will anmerken, dass unsere modernen Schulen für solche Spiele, Verkehrungen, für das Mystische insgesamt, ja für Sinnfragen überhaupt keinen »Sinn« haben. Sie können damit nicht umgehen. Dies alles lässt sich nicht in Lernzielen und Lernkontrollen unterbringen. Nein, auch das Mystische des Lernens, das Geheimnisvolle des Ausdrucks, die Faszination der Schriftzeichen lernen unsere Kinder einzig und allein zu Hause, in der Familie, bei Mama und Papa. Anderswo haben sie einen solchen Ort des Lernens nicht!

Mein Name sieht komisch aus!

Nun haben wir in unserem familiären Alltag selten einen Zwilling zur Verfügung. Aber eine andere »Alltäglichkeit«, die auch einen sonderbaren Bedeutungsklang hat, können wir für unsere folgenden Lernübungen an die Stelle des geheimnisvollen »Doppelgängers« Zwilling stellen: nämlich den eigenen Namen.

Der eigene Name ist auch so etwas Mysteriöses. Es gibt namhafte Wissenschaftler, die sich daran machen, aus dem puren Aussehen und dem Auftreten eines Kindes auf seinen Namen zu schließen. Ein mir bekannter Professor für Erziehungswissenschaften an der Hamburger Universität hatte sogar den leicht verstiegenen Mut, dies in einer populären Sendung im Privatfernsehen zu unternehmen – allein die Tatsache, dass ein Erziehungswissenschaftler mutig ist, verbuche ich als positive Überraschung! –, und bei der Sendung trat das ganz und gar Unerwartete ein: er irrte in relativ wenigen Fällen.

Tatsächlich haben die Namen eine Prägekraft, die sich unserem oberflächlichen Verständnis von Individualität nicht so recht fügen will. Namen prägen unser Schicksal, Namen sind tief wirkende kulturelle Formen, die sich in die Personalität eines Kindes einzeichnen. Ganz neu ist dieser Gedanke übrigens nicht – auch der von der Aufklärung geprägte Philosoph Walter Benjamin sprach von dem Mirakel des Namens. Der Name definiert, der Name ist Eigenheit in einem Sinn, der das »Ego« auf sonderbare Weise *übersteigt*.

Wir wollen diesen Gedanken, weil er uns zu weit vom Thema

abführt, nicht weiter vertiefen. Wir halten nur fest: Der Name ist ebenfalls etwas Magisches, ihm haftet ein Geheimnis an. Ein Geheimnis übrigens, das Kind und Eltern miteinander teilen. Die Eltern haben den Namen für dieses Kind gefunden, wie viele Motive wirkten in die Namenssuche hinein? Rational auflösen lässt sich diese Frage nicht. Bewusste und unbewusste Motive, sie prägen über den Namen die Entwicklung eines Kindes auf verschlungene Weise mit. Kurzum, der eigene Name ist für jeden Menschen von hoher Bedeutung. Aus eben diesem Grund ist er hervorragender »Lerngegenstand«.

Spiegelbildliches »Ich«

Nichts ist so vertraut und geheimnisvoll wie der eigene Name, diese seelisch-mystische Verbindung tritt hervor, wenn Sie nun mit Ihrem Kind dessen Namen liebevoll gestaltet aufmalen und dann – wie wir es vorhin schon mit anderen, neutraleren Worten getan haben – vor einen Spiegel halten. Schauen Sie gemeinsam lange und geduldig diese spiegelverkehrten Schriftzeichen an. Welch eine Fülle von Fragen, die alle um Ich und Personalität kreisen, tritt Ihnen da entgegen!

Das »W« oder das »V«, vor allem das kleine »a« und das kleine »d« erscheinen in einer eigenwilligen Verkehrung. Sie stehen nicht auf dem Kopf, sie sind nicht umgedreht, nein, es ist so, dass links rechts ist, dass die Dinge in sich verkehrt werden wie in Macbeth' Hexensabbat: »Fair is Foul, and Foul is Fair«.

Ihr Kind spürt und atmet etwas von den Geheimnissen, von denen wir eben gesprochen haben.

Sorgfältig versuchen Sie nun, zusammen mit dem Kind die in sich gekehrten Namens-Schrift-Zeichen nachzuzeichnen. Es kommt ein seltsam ungelenkes, ein eigenartig verdrehtes Namensbild dabei heraus. Halten Sie es nun wieder vor den Spiegel und dort erscheint der »richtige« Name. Er wird sozusagen im Spiegelbild entdeckt, jede Entdeckung ist für ein kleines Kind von 7, 9 oder 11 Jahren mit einem inneren Jubel begleitet. »Ah, das ist ja mein Name, jetzt ist er wieder richtig!«

Falsch? Richtig?

Was haben Sie nun gemeinsam gelernt? Sie haben gelernt, wie das »W« oder ein anderer Buchstabe über mühsame Schritte der Rekonstruktion zu einem richtigen »W« wird. Allein die Intensität der Anstrengung hinterlässt eine tiefe Gedächtnisspur. So also ist das »W« *richtig*, so ist es in sich verkehrt, und ganz anders ist es einfach nur *falsch.*

Setzen Sie diese Übung, weil sie so wertvoll ist, mit anderen Namen fort, Namen, die in Ihrer Familie eine Rolle spielen, Namen, die mit intensiven Gefühlen oder Erinnerungen verbunden sind.

Der Name einer geliebten Großtante, die vielleicht vor einem Jahr gestorben ist. Im Spiegel erscheint ihr Namenszug wie von ganz weit her! Und der Name des Großvaters, Ihr Kind kennt ihn eigentlich nur als Opa, jetzt merkt es, dass auch Opa eine Person war, eine Eigenheit, eine Individualität mit einem Namen!

Nehmen Sie den Namen des Bruders, des besten Freundes Ihres Vaters, dem das Kind vielleicht einmal schüchtern die Hand gedrückt hat.

Namen sind vielfältig, Namen sind Geschichten und jede dieser Geschichten verdichtet sich in dem Mysterium des Spiegels zu einer Tiefe, die schließlich eine ganze Familiengeschichte umfasst.

Nach dem ersten Buchstaben- und Wortlernen sind wir so weit, dass wir die Sätze in Sinnzusammenhänge fügen. Sinnzusammenhänge sind in den geheimnisvollen Schriftzeichen immer auch ästhetische Zusammenhänge. Jedes sinnvolle Lernen muss von nun an einen sinnbezogenen persönlichen Charakter und gleichzeitig eine ästhetische Eindrucksmächtigkeit haben.

Alles andere geht an Ihrem Kind vorbei wie die fünfundzwanzigste Ermahnung, dass das Zimmer aufgeräumt werden soll. Aber die Besonderheit des Familiennamens, die tiefen Verwobenheiten von Personen, die insgesamt eine »Familiengeschichte« bilden, von der Ihr Kind die letzte, vielleicht die wunderbarste, die vorerst endgültige Fügung ist – dies alles gehört zum Lernen!

Sinn macht Spaß!

Ja, die Schriftzeichen blühen, wenn wir uns darum bemühen, nun zu einem Sinn auf, einem persönlichen und einem ästhetischen Sinn. Kinder sind hochgradig empfänglich dafür. Alle Kinder sind es. Die Klagen über die Unaufmerksamkeit der Kinder in den Grundschulen ist oft nichts anderes als ein indirektes Einverständnis der pädagogisch-methodischen Einfallsarmut. Die modernen Kinder sind eben ästhetisch geübt, moderne Medien haben sie an Dramaturgie und ästhetische Vorgänge gewöhnt. Die Langeweile, die ihnen in den Klassenzimmern zugemutet wird, beantworten sie mit Resignation oder Unruhe. Das ist nur zum Teil ein Problem der Kinder. Zu wesentlichen Teilen ist es das Problem einer ideenlosen Lehrerausbildung.

Sie werden übrigens selber merken, dass das Lernen mit Ihrem Kind jetzt auch für Sie selber immer weniger Pflichtaufgabe ist und immer mehr zu einer sinnhaft-sinnlichen Herausforderung wird. Es macht Spaß, sich gemeinsam mit seinen Kindern herausfordern zu lassen von den Rätseln der menschlichen Existenz und den niemals ganz aufklärbaren Wundern der menschlichen Geistesentwicklung. Lassen wir uns darauf ein, dann können wir gar nicht aufhören, uns über eine zwei- oder dreitausendjährige Geschichte zu wundern, an deren Ausgang wir selber mit unserem Kind und seinen Schriftäußerungen, seinem Lesen, Schreiben, Zählen und Rechnen stehen.

14. Kapitel

Was es in einem Gesicht alles zu sehen gibt ...

Schreiben bekommt auf diese Weise für Ihr Kind eine neue Qualität, eine Ich-betonte. Schreiben ist Ausdruck des Selbst, Stärkung des Selbst, Vergewisserung des Selbst. Schreiben ist eine kultivierte Form des Selbstbewusstseins. Je mehr das Verständnis dafür in dem kleinen Schüler wächst, desto bereitwilliger übt er.

Wir setzen unsere nächste Ausdrucksübung nach dem gerade erläuterten »Spiegelstadium« fort. Wir stellen uns gemeinsam mit dem Kind vor den Spiegel, wir schauen uns wechselseitig an. Versuchen Sie es einmal, dies ist ein ganz eigenartiges Erlebnis. Sie machen eine Erfahrung mit Ihrem Kind, die sozusagen spiegelbildlich ist. Sie werden sehen, dass Ihr Kind daran eine Freude hat, aber auch eine gewisse Scheu zeigt.

Ein Medium stellt sich vor

Das väterliche Gesicht oder das mütterliche (so unendlich vertraute) Gesicht wird in der spiegelbildlichen Wiedergabe ganz leicht verfremdet. Dazu kommt, dass wir ja an den direkten Austausch (ohne Medium) mit Vater, Mutter und Kind gewohnt sind; nun tritt also der Spiegel zwischen uns. Der Spiegel ist, wie die Schrift, ein Medium. Etwas, das *vermittelt*, das »dazwischen« ist. Etwas, das eine eigene Realitätsebene herstellt. Daher die Befremdlichkeit.

Es ist nicht das kindliche, väterliche oder mütterliche Gesicht unmittelbar, das uns entgegen blickt, es ist die mediale Spiegelung des Gesichtes. Über diesen kleinen »Verfremdungseffekt« wird jene Distanz erreicht, die es dem Kind erleichtert, sich schriftlich mit dem eigenen Gesicht oder dem von Papa oder Mama *auseinander zu setzen*. Die Aufgabe lautet: Beschreibe Papas Gesicht oder dein eigenes! Beschreibe es so, wie du es im Spiegel siehst.

Sie merken, das ist eine hoch komplexe Aufgabe. Es geht ja um eine Beschreibung mittels eines Mediums. Es geht um eine »reflexive« Beschreibung. Genau genommen lautet die Aufgabe auch gar nicht:»Beschreibe Papas Gesicht oder dein eigenes«, sondern sie lautet:»Beschreibe die Gesichter so, wie sie dir im Spiegel entgegentreten«.

Warum dieser Verfremdungsschritt mithilfe des Spiegels? Ich habe es eben angedeutet: Schrift ist Distanz-Einlegen. In unserer Schriftkultur spielt die Distanz zwischen Menschen eine ebenso große Rolle wie die Nähe. Auf der Grundlage der Distanz entwickeln wir unsere Individualität. Wir schieben zwischen den anderen Menschen und uns selber einen Abstand, in dem wir uns prüfen, in dem wir unsere Wirkung abtasten, in dem wir unser Ich in Abgrenzung zu anderen und in der Begegnung mit anderen für uns selber zugänglich werden lassen. Der Spiegel leistet eben diese Aufgabe in ganz unmittelbarer sinnlicher und sinnhafter Weise: Auch er tritt »dazwischen«. Er ist ein Medium. Das Geschriebene bildet in dieser Übung das Medium ab. Das Medium bildet die Wirklichkeit ab. Wir üben mit unserem Kind – um es mit anderen Worten zu formulieren – auf einer »Meta«-Ebene, das Lernen in Meta-Ebenen und Meta-Ordnungen ist nur mithilfe der Schrift möglich.

Es ist heute in der pädagogischen Diskussion unbestritten, dass unsere Kinder nicht mehr unmittelbar Stoff lernen sollten, sondern die *Ordnung* des Stoffes, die Art der Vermittlung des Stoffes, die Bewältigung und Organisation des Stoffes. Meta-Lernen ist die anspruchsvollste Art des Lernens, das hat sich sogar bis in die Schulen herumgesprochen. Alle möglichen pädagogischen Tagungen schwirren nur so von »Meta-«: Metaordnung, Metareflexion, Metazeichen usw. Wir gehen diesen Schritt nun uneingeschüchtert mit unserem Kind. Wir üben es in Komplexität. Der Spiegel ist ein ganz unmittelbares, alltägliches (aber geheimnisvolles) Medium dafür. Schauen wir also weiter, was dabei passiert.

Die Feinheiten der Beobachtung

Wir suchen gemeinsam mit unserem Kind die richtigen, die ganz und gar zutreffenden Wörter. Nichts ist so schwierig wie die Beschreibung eines menschlichen Gesichts. Das haben nicht nur Schüler in ihren Aufsätzen, sondern vor ihnen so routinierte Schriftsteller wie Fontane und Joseph Conrad beklagt.

Ein Gesicht zu beschreiben bedeutet, sich in etwas zu vertiefen, das eigentlich ganz und gar unbeschreiblich ist. Denn das Gesicht besteht aus winzigen Kleinigkeiten, einer minimalen Veränderung des Muskels, die aus einem trotzigen Mund einen freundlich lächelnden macht, einem Augenzwinkern, das aus einem ruhigen Gesicht ein aufgeregtes werden lässt, ein leichtes Zusammenziehen der Augenlider, das einen offenen Blick zu einen misstrauischen verändert. Winzige Veränderungen in einem hochgradig komplexen

Objekt, wie es das menschliche Gesicht nun einmal ist. Dies wiederzugeben bedeutet auch für Erwachsene eine enorme Anstrengung, wir müssen unseren ganzen Wortschatz aufbieten.

Zu kompliziert? Nicht für ein Kind!

Man könnte sich also fragen, ob wir mit dieser Aufgabe unser Kind nicht überfordern. Ich glaube nicht! Es ist vielmehr so, dass gerade Kinder von 9, 10 oder 11 Jahren eine spontane Lust an komplizierten Sachen haben. An technisch komplizierten Sachen, an ästhetisch komplizierten Sachen (schauen Sie sich einmal die Hollywood-Filme an, die unsere 10-jährigen heute besuchen: ein einziges wirbelndes Durcheinander, das dann doch irgendwie eine Geschichte erkennen lässt). Auch die Fantasiegeschichten unserer Kinder streifen in wilden verwegenen Landschaften, unüberschaubaren Gebieten, am liebsten im Dschungel oder sonst wo, wo alles drunter und drüber geht. Nein, Kinder lieben das Einfache nicht. *Kinder lieben das Komplizierte.*

Warum drücken sie sich dann immer wieder vor komplizierten Aufgaben? Der Grund dafür liegt in der Leistungsanforderung der Schule. Natürlich schreckt es, wenn ich vor jeder Aufgabe schon eine schlechte Zensur vor Augen habe, wenn ich schon vorher weiß, dass jedes Versagen mit einer demütigenden Minusbewertung unterstrichen wird. Die Angst und Leistungsverweigerung der Kinder ist aber keine Angst vor dem Komplizierten, es ist Angst vor den erbarmungslosen Bewertungen. Jeder Mensch hat Angst davor, bewertet zu werden, und Angst lähmt, wie wir alle wissen, das Denken und erst recht die Kreativität.

Wer Angst hat, vermeidet Schwieriges und hält sich an das, was man auswendig lernen, pauken kann. Das ist ja wohl auch der geheime Sinn der dauernden Benotungen in den Schulen: sie sollen Gehorsam herstellen. Sie erzeugen aber etwas ganz anderes, nämlich seelische und geistige Verwahrlosung, von Angst und Angeberei durchsetzt.

Im großen und ganzen sind unserer Kinder »mutige« Wesen. Würden sie sonst mit ihren unerprobten Kräften auf Bäumen oder

Hütten herumkraxeln, würden sie sonst mit ihrer unfertigen Motorik im frühesten Alter das Malen anfangen, würden sie sonst sich aufrichten und »in die Welt stellen«, die so fremd vor ihnen liegt? Das alles ist Mut, Lebensmut, solange er einem Kind nicht ausgetrieben worden ist.

Machen Sie einfach den Test: Sie werden merken, wie sich Ihr Kleiner oder Ihre Kleine mit Begeisterung in die hoch komplizierten Aufgaben stürzt. Mit dem Gesicht fangen wir an. Sollte ein Gesicht für Ihren 10-jährigen Jungen zu langweilig sein, dann machen Sie eben eine Dschungel-Geschichte daraus. Es gibt ältere Gesichter, aus deren Falten und Linien, Mundbewegungen und Augenhöhlen man ganze Dschungelfiguren, ja -szenerien enträtseln kann. Lassen Sie Ihre Fantasie einfach mal ins Kraut schießen, Ihr Kind folgt Ihnen bereitwillig!

Sie können Gesichter allerdings auch in vorüberziehenden Wolken am Himmel erkennen und sie beschreiben – die gereckte Nase, die spitzen und schief verlaufenden Ohren, der verwehte Kopf … und die vielen seltsamen Geschichten, die man aus einem Tapetenmuster enträtseln kann, sind Ihnen aus Ihrer Kindheit ja sicher auch noch bekannt.

Freilich werden Sie aller Wahrscheinlichkeit nach feststellen, dass Ihr Kind bei solchen Schreibübungen – die Sie bitte nicht so genannt haben – zum Spiegel zurückkehrt. Das Ich im Spiegel, das Andere im Spiegel, es gibt eine beachtliche psychoanalytische Schule, die eben von diesem Bild ihren Ausgang nimmt. Wir können dies nicht weiter vertiefen, aber seien Sie sicher: diese Faszination ist wirksam und alles, was an Schrift, Wortbild oder Syntax rund um die Spiegelgesichter gelernt wurde, prägt sich dauerhaft ein.

15. Kapitel

Unsere allerschönste Erinnerung – zum Lernen wie geschaffen

Ich möchte Ihnen noch eine kleine Übung vorschlagen, die Sie allerdings erst allein mit sich selber und dann mit Ihrem Kind ausführen sollen. Sie läuft auf dieselbe Intention hinaus, die wir schon mit den Wunsch- und Traumbildern und auch mit unseren Spiegelbildern verfolgt haben. Wir wollen uns bemühen, durch das Schreiben die eigene seelische Verfassung, das kindliche »Ich« zum Ausdruck kommen zu lassen. Denn Kinder sind wie alle Menschen zuerst an sich selber interessiert, erst in zweiter Linie an den Menschen um sie herum und sehr wenig an irgendwelchen zufälligen oder allgemeinen Dingen und Themen der Welt. Deshalb haben mich Schreibübungen, die, wie in der Schulfibel, mit Hasen auf der Wiese oder Pferden im Stall zu tun haben immer wenig überzeugt!

Unsere Übung ist eigentlich eine kleine Meditation. Sie wurde methodisch beschrieben in dem so genannten Neurolinguistischen Programmieren, NLP, einer amerikanischen Methode, in der verschiedene Einsichten der Neurophysiologie, Neuropsychologie und Verhaltenstherapie gebündelt worden sind. NLP erfreut sich in bestimmten Kreisen einer großen Beliebtheit, das hat ihm nicht gut getan. Aus einem sinnvollen methodischen Ansatz wurde – ähnlich wie bei der Kinesiologie – eine Art esoterisches Glaubensbekenntnis.

Dieses Schicksal teilt NLP mit vielen psychologischen Methoden. Statt sie kritisch hin und her zu wenden und in der Anwendung zu erproben und eben auch zu erweitern oder mit anderen Methoden zu verbinden, glauben viele Therapeuten und ihre Patienten krampfhaft an das Heil ausschließlich einer Methode. Meist landen sie in einer Sackgasse, fast immer auf Kosten der Patienten. Aber um die methodischen Streitigkeiten in der Psychotherapie brauchen wir uns nicht zu kümmern, unser Lernen – ich wiederhole es! – hat keinerlei Ähnlichkeit mit Therapie oder gar Therapie-Ersatz.

Ein stiller Fleck ist die Erinnerung

Unsere kleine Übung schließt vielmehr unmittelbar an das »schönste Ferienerlebnis«, an, von dem wir im Kapitel 11 sprachen.

Sie wählen eine ruhige Stunde, einen stillen Fleck in Ihrer Wohnung (am besten, die Kinder sind aus dem Haus). Sie konzentrieren sich, schließen die Augen, sofort steigen Bilder vor Ihrem inneren Auge auf – wir können gar nicht anders, unaufhörlich produzieren wir innere Bilder und Stimmen, wir beachten sie nur meist nicht! –, Sie lassen die Bilder zusammenhanglos und absichtslos in sich vorbeigleiten, dann beginnen Sie, Ihre inneren Bilder zu lenken.

Sie leiten sich und die Bilder zurück zu einem Zeitpunkt in Ihrem Leben, den Sie als »den allerschönsten Augenblick« bezeichnen würden. Unsere Erinnerungen bewegen sich dabei tatsächlich wie ein zunächst etwas fahriger Sucher auf einer Skala, wir erinnern uns erst grob an bestimmte Zeitabschnitte, die wir als im großen und ganzen glücklich in Erinnerung haben, dann verfeinert sich das Zeitraster. Assoziationen, Szenen, Gegenden schwirren durch den Kopf. Sie folgen nun bitte *einem* dieser Bilder, einer dieser Assoziationen, diese führen Sie zu einem ganz bestimmten Augenblick, einer ganz bestimmten Stunde oder auch nur Minute, die Sie an einem bestimmten Tag erlebt haben. Überlassen Sie sich Ihren seelischen Suchbewegungen, sie sind zuverlässig genug. Irgendwann wird der »Sucher« stehen bleiben, einklinken in einem ganz bestimmten Moment, der Ihnen nun Stück um Stück präziser in Erinnerung tritt.

Es ist in der Tat ein »Bild«, das unsere Erinnerung zeichnet. Da war ein Garten, der Himmel war blau oder regenverhangen, hinter dem Garten, von einer Hecke abgetrennt, erstreckten sich Weiden – standen dort Pferde oder Kühe? Versuchen Sie es nur, Ihr Erinnerungsbild wird, je absichtsloser und *zugleich konzentrierter* Sie ihm folgen, immer genauer, immer detailreicher, immer voller. Immer überzeugender!

Sie werden merken, dass sich mit der Vollständigkeit des Bildes zunehmend Gefühle einstellen, die sich ebenfalls vervollständigen. Ja, dieses Regengrau über diesem Garten erzeugt eine ganz bestimmte Stimmung, ein Gefühl von Gelassenheit. Sie wollen in diesem Moment ganz bei sich sein, fast ein wenig »aus-der-Welt«. Es war ein glücklicher Augenblick, vielleicht ein enthobener.

Sie beginnen nun, sich *im* Bild zu bewegen, nach oben und unten, zu den Seiten, die Ecken und Kanten auszukundschaften, die Details der Erinnerung zu beleben, die leeren Flecken auszumalen. Es kommt nicht darauf an, dass Ihre Erinnerung ein realistisches Bild wiedergibt, manches bleibt durch die »Farbe der Erinnerung« verstellt oder verschönt, manches wird von anderen Erinnerungen überdeckt, die uns nicht mehr bewusst sind und in das Bild hineingleiten. Dies alles spielt keine Rolle! Wichtig ist, dass Sie sich bei geschlossenen Augen und sehr entspannt der Stimmung des Bildes überlassen und gleichzeitig einen präzisen, einen sehr genauen Eindruck des Bildes festhalten.

Dazu gibt es einen kleinen Trick, das neurolinguistische Programmieren nennt ihn »Ankern«. Konzentrieren Sie sich auf ein Detail dieses nunmehr vollständigen Bildes, es kann ein Baum sein, es kann ein Stück der Hecke sein, vielleicht ein Durchbruch in der Hecke, den spielende Kinder geschlagen hatten, es kann ein Schrank in einem Zimmer, ein Teppichboden, ein Klavier oder nur ein Klavierhocker sein. Unsere Erinnerung ist unplanbar, sie scheint willkürlich, wir überlassen uns ihr. Wir werden ganz passiv dabei. Sie werden spüren, dass die Passivität Sie zu immer mehr Entspannung, immer mehr »Loslassen« führt. Auch dies ist eine gute Wirkung unserer Übung: dass Sie in all dem Stress von Familie, Schule und was es darüber hinaus gibt, einen inneren Ort finden, an dem Sie eine vorübergehende Entspannung erreichen.

Es ist so, dass von nun an diese Hecke, dieses Grün eines Astes, dieser Teppichboden oder Klavierhocker – also dieser »Anker« – ausreicht, um die Gesamtheit des Bildes in Ihnen hervorzurufen, Sie müssen sich dazu nur wieder auf *diesen einen* Gegenstand konzentrieren, dieses besondere Detail in Erinnerung rufen. Der Anker ist so etwas wie ein Signal, auf das hin das gesamte Bild in Erscheinung tritt. Für diesen Bewusstseinsvorgang gibt es einige neurophysiologische und -psychologische Spekulationen, sie sind alle sehr vage. Uns reicht es, dass dieser Mechanismus, wenn er richtig betrieben wird, bei fast allen Menschen »funktioniert«.

Versuchen Sie nun, dieses Bild und diese Stimmung wieder zu verlassen. Auch das wird Ihnen gelingen. Sie bewegen sich aus dem Bild heraus, das nun in Ihrer Vorstellung kleiner wird, sozusagen in einem Rahmen eingegrenzt ist, der sich ebenfalls verkleinert, bis das Bild vollständig verschwindet. Nicht verschwunden ist das Gefühl, die gehobene Stimmung, die Befindlichkeit jenes Augenblicks, die Sie mit dem Bild in Erinnerung gerufen haben. Diese bleibt und trägt Sie für eine gewisse Zeit in Ihren Alltag weiter. Die Erinnerung stabilisiert uns. Warum tut sie es?

Erinnerungen sind ein Fest der Seele

Wir haben uns jetzt zum zweiten Mal in unseren Übungen auf positive Erinnerungen bezogen. Eine mögliche psychologische Erklärung für ihre wieder belebte Intensität und Wirkungskraft ist diese: In bestimmten, glückhaft empfundenen Momenten sind wir uns der Identität und Stabilität unseres Ich in besonderer Weise bewusst. In solchen Glücksmomenten kommen auf gelungene Weise subjektive, meist unbewusste Erinnerungsgefühle und objektive Bedingungen (ein Urlaub am Meer oder nur ein unvermittelt stiller Augenblick in unserer Küche!) zusammen, wir können solche Glückserlebnisse meist nicht rekonstruieren, es kommt uns vor, als seien sie aus dem Nichts herangeweht, aber sie prägen sich für lange Zeit ein.

Dieses Ineinandergleiten von Erinnerung und glücklicher Wirklichkeit ist ein Ich-Zustand, der dem Ich-Ideal nahe kommt. Für Freud war die Annäherung an das Ich-Ideal ein »Fest der Seele«, jeder Mensch hat es in gewisser Weise schon einmal erlebt. In unserer Übung ist es nun so, dass das konzentrierte Erinnern den früher erlebten »idealen« Moment wieder vergegenwärtigt. In der ganz nach innen gewendeten Konzentration schrumpft die Distanz zwischen Ich-Ideal und Ich (die wir sonst im Alltag, bewusst oder unbewusst, oft als schmerzlich empfinden), und eben dies – die Nähe zum Ich-Ideal – empfinden wir tatsächlich wie ein kleines »Fest«.

Es trägt uns, ja, es trägt uns sogar ein ganzes Stück in den Alltag hinein: Wir beschwören ja auch keine Fiktion, unsere Übung speist sich aus ganz realen seelischen Kräften – dabei wird deutlich, dass unser »Ich« eben mehr will, als von einer Arbeit zur anderen zu hasten und vernünftig und angestrengt den Tag zu verbringen. Unser»Ich«, das ist bewusstes Ich und Ich-Ideal, das ist Wunsch (und Wunschenergie) und Traum und vernünftiges realitätsgebundenes Ich – und zwar alles gleichzeitig.

Eine Erinnerungsreise mit Kind ins Glücksland

So sehr diese Übung Ihnen, den gestressten Eltern, zu ein wenig Aufatmen im schwierigen Alltag verhelfen kann, so sehr ist sie leztlich doch auf Ihr Kind gezielt. Denn diese bewusst herbeigeführten Erinnerungen sollen Sie nun mit Ihrem Kind gemeinsam erleben, Sie sollen sie mit ihm teilen. Das ist möglich, weil die »Innigkeit« der Eltern-Kind-Beziehung, von der schon oft die Rede war, auch die wechselseitige Teilnahme an intensiven Erlebnismomenten erlaubt – und als beglückend empfinden lässt!

Zunächst ist es notwendig, dass Sie selber ein wenig Übung, ein wenig Routine in dem Hervorholen und Verlassen der glücklichen Erinnerungsbilder entwickelt haben. Erst dann dürfen Sie die Übung an Ihr Kind weitergeben. Erzählen Sie ihm so genau wie nur eben möglich von Ihrer eigenen glückhaften Erfahrung. Verdeutlichen Sie dem Kind an Ihrem eigenen Beispiel, wie es mit glückhaften Erinnerungsbildern umgehen kann. Leiten Sie Ihr Kind dazu an, dieselbe Übung mehrere Male auszuführen und zu erleben. Sie werden auf keinerlei Protest stoßen!

Kindern fällt es erfahrungsgemäß leichter als uns Erwachsenen, glückhafte Momente in Erinnerung zu rufen. Vielleicht liegt es daran, dass Kinder eben noch so nah am fantastischen Erleben ihres Selbst sind. *Wenn Fantasie und Realität ineinander spielen, hat das Glück bessere Chancen!*

Jedenfalls ist es so, dass den meisten Kindern sofort drei, vier oder mehr glückliche Momente einfallen. Wählen Sie gemeinsam einen aus. Dann entspannen Sie sich gemeinsam mit Ihrem Kind, vielleicht nehmen Sie es in den Arm, halten seinen Kopf ruhig an Ihrer Brust und lassen es erzählen. Kinder plappern gern, Kinder plappern ausführlich. Diese gelegentlich höchst lästige Eigenschaft gereicht uns nun zum Vorteil. Was sich bei Ihnen selbst nur still im Kopf abspielte, kann Ihr Kind getrost ausplaudern, es erreicht auf diese Weise dieselbe Stimmigkeit und Intensität.

Sie müssen es allerdings ein wenig lenken und leiten. Möglicherweise wird der oder die Kleine anfangs in den Erinnerungen herumspringen, möglicherweise wird ihm zu der einen Erinnerung eine noch wichtigere, noch »tollere« Erinnerung einfallen. Sie überlassen Ihr Kind seinen inneren Suchbewegungen für eine Weile, dann unterbrechen Sie es.

Es ist gar nicht notwendig, dass Ihr Kind die allertollste, die allerglücklichste Erinnerung hervorruft, es soll keine Spitzenleistung des Glücks vollbringen, sondern sich nur an ein besonders intensiven, besonders ruhigen, besonders ich-haften Augenblick genau erinnern. Achten Sie dabei wieder auf die innere Stimmigkeit und die Präzision der Erinnerung.

Kinderbilder des Glücks

Das Bild, das Ihr Kind nun so aufruft, wie Sie es selber mehrere Male geübt hatten, sollte sehr genau sein, sonst wird es nicht »stimmig«. Lassen Sie sich das Bild schildern, je intensiver das Erlebnis »damals« war, desto lebhafter wird die Schilderung jetzt ausfallen. Je näher am »Ich-Ideal« die kindliche Erinnerung entlang läuft, desto »reicher« wird die Sprache Ihres Kindes.

Mit ein wenig Übung werden Sie ein sicheres Gefühl dafür entwickeln, ob Sie sich in einem stimmigen und sinnvollen Bild bewegen oder ob Sie gemeinsam in die Irre gegangen sind.

Auch das wäre kein Problem, Sie können solche Übungen beliebig oft wiederholen. Dafür gibt es einen einfachen Grund: Wenn Sie unser kleines Erinnerungsspiel unverkrampft und ohne jeglichen Leistungsanspruch betreiben, dann macht es Ihnen und Ihrem Kind einen Riesenspaß. Spaß kann man gar nicht genug haben, Spaß kann man so oft wiederholen wie man will. Einem Kind wird das nie langweilig!

Ist das Bild aufgebaut, wählen Sie wieder einen »Anker«, so wie

Sie es trainiert haben, Ihr Kind wird wahrscheinlich nicht auf entlegene und unspektakuläre Bildanteile zurückgreifen, um sie zu ankern, sondern höchstwahrscheinlich auf besonders auffällige, besonders bunte, besonders sensationelle. Das schadet nicht. Hauptsache, Sie finden im Bild gemeinsam einen *zuverlässigen Anhalt*, der über eine gewisse Zeit hinweg funktioniert.

Scheuen Sie sich bitte nicht, sich mit Ihrem Kind in dieses Bild einzustimmen, sich in die Erinnerung einzuschwingen. Sie werden merken, dass Sie dabei eine eigenartige Gefühlsnähe zu dem kindlichen Erleben erreichen. Die Übung stiftet eine besondere Emotionalität zwischen Vater oder Mutter und Kind, und das ist ganz wesentlich.

Schöne Dinge will man festhalten – aufschreiben zum Beispiel!

Dies führt uns zum nächsten Schritt. Wir halten das schöne Erinnerungsbild nicht nur in Gedanken, im Kopf fest – was ja auch eine ganz unkindliche Art und Weise wäre, mit Erinnerungen umzugehen –, sondern bringen es zu Papier. Als erstes wird Ihrem Kind höchstwahrscheinlich einfallen, dass es das Erinnerungsbild malen will. Voller Eifer und noch beschwingt von der Stimmigkeit des Bildes wird es anfangen zu kritzeln und zu krakeln, Sie lassen bitte nicht einen einzigen kritischen Kommentar vernehmen, auch keinen indirekt kritischen (»was soll denn das darstellen?«), sondern überlassen das Kind und sich ganz der Empfindung, die dieses Bild ausstrahlt.

Höchstwahrscheinlich wählt Ihr Kind sehr helle Farben, Gelb und ein helles Grün, ein klares Blau dazwischen – auch ohne sich in der Farbpsychologie auszukennen, werden Sie auf dem Papier Farben vorfinden, die man positiven Empfindungen zurechnet. Das Bild ist, vergessen Sie das bitte nicht, in jedem Fall ein Meisterwerk! *Es ist ein Meisterwerk der Erinnerung, ein Kunststück der Seele.*

Entsprechend wird es gewürdigt, entsprechend wird es an irgendeinem hervorgehobenen Ort im Kinderzimmer oder in der Wohnstube platziert. Dieses Bild hat einen Wert – Sie machen das mit Ihrem ganzen Verhalten deutlich.

Das Erinnern und das Aufmalen bedeuten bei aller Freude für

das Kind eine seelische Anstrengung. Deswegen ist nun eine Pause notwendig. Bevor Sie von der kleinen seelischen Pause zu einer Schreibübung gelangen, lassen Sie getrost einen Tag vergehen. Am nächsten Tag schauen Sie gemeinsam das Bild in Ruhe an. Sie lassen sich wieder von den Farben, den positiven Empfindungen, den Erinnerungen einfangen und beginnen nun – ausgehend von der Stimmung des kindlichen Bildes, wie ungekonnt es auch sein mag –, Worte zu suchen. Worte, die die Details des Bildes exakt beschreiben (ganz egal, ob diese auf dem Bild präzis zu erkennen sind oder nicht).

Die Schaufel war aus Holz! – Nein, aus Plastik ...

Danach suchen Sie gemeinsam sogar nach solchen (schwierigeren) Worten, die die *Stimmung* beschreiben. Hier war also der Spielplatz, dort eine Treppe mit rutschigen Stufen, dort ein Ball, der sich auf das Dach eines kleinen Bretterhäuschens neben der Treppe verirrt hatte, wie war noch die Farbe des Balls, war er nicht rot-weiß gestreift? Eine Schaukel gab es dort und eine helle grüne Hecke hinter ihr!

Sie suchen Wörter, Sie sortieren Wörter – je nach Alter und Entwicklungsstand des Kindes. Dies hier sind *Dinge*, und welche *Eigenschaften* haben sie? (Eigenschaftsworte schreibt man klein, Dinge groß – aber das weiß Ihr Kind schon). War die Hecke grün, vielleicht hellgrün, ein lichtes Grün möglicherweise? War die Schaukel schwer, war sie dunkel, war sie aus Holz, vielleicht doch eher ein helles Holz?!

Was hat Ihr Kind mit der Schaukel, mit dem Holzhäuschen, mit dem rot-weiß gestreiften Ball *getan*?

Wir kommen zu den Tätigkeiten, den Tuwörtern, den Verben. Wir sortieren sie. Wir schreiben die Dingwörter untereinander, die Wiewörter ebenso, die Tuwörter zuletzt. Vielleicht kommt das eine oder andere Adverb oder eine adverbielle Bestimmung hinzu.

Es ist wichtig, dass nicht das Sortieren, sondern die Intensität der

Erinnerungsarbeit im Mittelpunkt bleibt. Immer wieder schließen Sie die Augen (Ihr Kind wird es Ihnen nachtun) und versuchen, das Bild noch genauer, noch präziser zu rekonstruieren. Was war noch gleich neben der Hecke, war da nicht ein Drahtzaun oder war es ein Gitter? Einen Drahtzaun kann man hochklettern (das ist ein Verb), ein Gitter nicht! Erst wenn Sie beide schon leicht erschöpft von den Anstrengungen der Präzision einhalten, bemühen Sie sich um einen letzten Schritt, einen letzten Abschnitt dieser Übung – oder verschieben ihn möglicherweise wiederum auf den nächsten Tag. Jetzt versuchen Sie aus Ding-, Eigenschafts- und Tuwörtern Sätze zu bilden.

Nehmen Sie das gemalte Bild wieder als Vorlage. Es macht im Verlauf des Schreibens keinen Unterschied, ob Sie das Bild selber oder die durch das Bild angeleitete Erinnerung zu Papier bringen. Aber eine gewisse Übereinstimmung zwischen Bild, Erinnerung und schriftlichem Ausdruck sollte schon gelingen. Dies ist keine Frage der Intelligenz, auch keine Frage des schriftlichen Ausdrucksvermögens Ihres Kindes, *sondern einzig und allein eine Frage der seelischen Intensität.*

Sie, als Eltern, lernen ganz nebenher, dass selbst die schulisch messbaren Begabungen, etwa der »schriftliche Ausdruck«, im Kern nichts anderes sind als ein Resultat der mobilisierten (in Bewegung gesetzten) Seelenkräfte eines Kindes. Diese Einsicht ist vielleicht das wichtigste Ergebnis unserer kleinen Übung.

Das Zweitwichtigste ist, dass Ihr Kind dabei sehr viel Spaß hat und Sie selber hoffentlich auch.

Das Drittwichtigste ist die Bindung, die Sie auf diese eigenwilligen und ziemlich umständliche (und eben dadurch lustvolle) Weise gemeinsam erreicht haben. Oder sollte dieses Resultat vielleicht doch das Wichtigste von allem sein?

16. Kapitel

Wie Computerspiele vor der Angst schützen und andere Gründe, warum Kinder mit dem Computer spielend lernen

Wenn Sie einen Sohn oder eine Tochter haben, die sich mit Aufmerksamkeit in schulischen und anderen Dingen schwer tun, und wenn sich daraus konsequenterweise Lernprobleme und Klagen über mangelnde Aufmerksamkeit einstellen, dann ist Ihnen mit einer sehr hohen Wahrscheinlichkeit folgende Erfahrung vertraut: Das ganze Problem verschwindet, wie von unsichtbarer Hand ausgewischt, wenn Sie Ihr Kind vor den Computer setzen.

Dies gilt in besonderem Maße für kleine Jungen, zunehmend auch für Mädchen.

Der Computer hat gerade für aufmerksamkeitsschwache und lerngestörte Kinder eine extreme Faszination. Dafür gibt es viele Gründe, ich habe sie in meinem Buch *Computer machen Kinder schlau* beschrieben. Der Computer ist in jedem Fall eine vorzügliche Hilfe für das Lernen zu Hause.

Natürlich kann er Papa und Mama nicht ersetzen, er ist nur eine Ergänzung, aber eine hervorragende! Er beherrscht alle Raffinessen der modernen Lernpsychologie. Er motiviert auf die allerkonsequenteste Art, die man sich nur vorstellen kann – ich erkläre gleich, warum das so ist. Er verführt Kinder zu hoher Konzentration und lenkt ihre Aufmerksamkeit auf Aufgaben, vor deren Schwierigkeitsgrad sie sonst erschrocken zurückweichen.

Der Computer hat außerdem die Fähigkeit, die Kinder so für sich einzunehmen, dass sie gar nicht aufhören wollen, mit ihm zu spielen. Wenn Sie einen Lerntherapeuten finden wollen, der ähnliche Qualitäten aufweist, müssen Sie lange suchen.

Also, was kann der Computer für das Lernen leisten? Ich will dies an einem Beispiel aus einer Lerntherapie verdeutlichen. Wir begleiten einen kleinen aufmerksamkeitsgestörten und lernschwachen Jungen auf seiner Reise mit dem Wunderauto Töff-Töff durch das Zoogelände. Wir werden dabei auf eine Reihe von Aufgaben stoßen, die der Computer stellt und die ein lernschwaches Kind bereitwillig löst. Wir werden erkennen, welch komplexe Aufgaben gerade mit diesem Medium plausibel und motivierend dargestellt werden können. Und wir werden eine Ahnung davon bekommen, warum der Computer das kindliche Lernverhalten stabilisiert – zumindest dann, wenn er richtig eingesetzt wird.

Probleme lösen mit Links

Sascha ist neun Jahre alt und gilt als lernbehindert. Seine intellektuelle und soziale Herkunft sieht ziemlich mies aus, die Beurteilungen der Lehrer sind es auch. Unkonzentriert, unruhig, aggressiv und so weiter – das alles soll Sascha sein. Nein, das *ist er (wahrscheinlich)*. Nur in den Augenblicken, in denen man mit ihm vor dem Computer sitzt und spielt, merkt man nichts davon. Sascha ist hoch konzentriert. Leicht vorgebeugt hockt er auf dem Stuhlrand, die Nase berührt beinahe den Monitor, was seinen Augen nicht gut tut (Sascha, sage ich mahnend, und sofort führt er erschrocken zurück), aber nur, um schon kurz darauf wieder förmlich in den Computer, den Monitor und seine Identifikation mit Töff-Töff hineinzukriechen).

Töff-Töff fährt zur Eröffnung des Brummburger Zoos, ist mächtig aufgeregt und freut sich auf die vielen kleinen Tiere, die ihn dort erwarten, bis ihm ein schwitzender Wärter entgegenhetzt und beichtet, dass ihm fünf Tierbabys davon gelaufen sind. Er hat nicht aufgepasst, der Unglücksrabe. Er schwitzt furchtbar. Er kann einem Leid tun.

Töff-Töff lässt sich nicht einschüchtern. Mit dem fröhlichen Narzissmus und Weltvertrauen eines kleinen Kindes verspricht er quäkig-piepsend, er werde die fünf Tierbabys finden. Kein Problem für Töff-Töff und für Sascha auch nicht.

Er wird zeigen, was in ihm steckt. Er wird lauter Dinge leisten, die ihm sonst keiner zutraut. Die pünktliche Eröffnung des Brummburger Zoos liegt nur bei ihm, sein Gesicht ist ganz blass vor Konzentration und Verantwortungsgefühl.

Lerngestört – und trotzdem ein Held

Der kleine Sascha kann die Farbe des Autos bestimmen. In anderen Spielen kann der Spieler sogar die Figur des Helden selber konstruieren oder weitgehend verändern. Das erleichtert ihm die Identifikation. Es kommt einem, wenn man die Kleinen am Computer beobachtet, manchmal vor, als wollten sie geradezu in ihren (teilweise selbst geschaffenen) Helden hineinkriechen. Sie *sind* heldenhaft, und was der kleine Töff-Töff oder Sonst-wie-Held vermag, das können sie auch. Im Cyberspace sind sie identisch.

Und mehr: Im Cyberspace bewegt sich der kleine lernschwache Junge leicht, weich und frei – es ist eben ein elektronisches virtuelles Land. Es ist ein Land, in dem das Fantastische unmittelbar Geltung hat und in unvergleichlicher Perfektion in Erscheinung tritt.

Der kleine Junge im Spiel mobilisiert nicht nur seinen Intellekt, sondern gleichzeitig seine Fantasien, seinen Hang zum Fantastischen, den alle Kinder haben. In keinem anderen Medium fließen Träume und konkrete Aufgaben so natürlich ineinander wie in den Computerspielen.

Das erklärt zu einem gewissen Teil den hohen Reiz, den diese Spiele haben. Das erklärt auch, warum die Kinder – alle Kinder, aber unsere lernschwierigen ganz besonders! – den Computer dem Lernbuch vorziehen, dies gilt sogar für die trockenste Lernsoftware.

Im Computerland muss ich Verantwortung übernehmen

Ich will Sie auf einen entscheidenden Punkt aufmerksam machen. Gleich am Anfang seiner Suche – Töff-Töff/Sascha stehen am Eingang des Zoos – muss unser kleiner Spieler eine weit reichende Entscheidung treffen. Er muss sich nämlich darüber klar werden, ob er in dem verzweigten Zoogelände den Weg erst nach rechts oder geradeaus oder nach links einschlägt.

Wo erscheint die Suche sinnvoller? Im Eisland, dem Dschungel oder der Savanne? Jede dieser Regionen verspricht eine Fülle von

Bildern, eine aufregende Vielfalt von Abenteuern. Alle drei (und jede ist wieder unterteilt in viele verschiedene Ebenen) sind verführerisch. Unter diesen Verführungen muss Sascha nun wählen. Er muss sich entscheiden.

Als geübter Computerspieler weiß er genau, dass bereits von der ersten Entscheidung eine Menge abhängen kann. Das Problematische besteht nun darin, dass Saschas Entscheidung zwar äußerst folgenschwer ist, dass er die Folgen seiner Entscheidung aber zu diesem Zeitpunkt noch gar nicht überblicken kann.

Er weiß noch nicht, in welcher Region er die wichtigsten Handwerkszeuge findet, die er für die Rettung der Tierbabys benötigt, er hat keine Ahnung, ob sich die verlaufenen Tiere im Eisland oder im Dschungel befinden, er weiß vom weiteren Verlauf des Spiels nichts. Aber der Computer ist unerbittlich: Sascha muss sich entscheiden!

»Hilf mir doch mal«, sagt er und wendet sich mir unruhig zu.

Wir umhüllen unsere schwierigen Kinder ja immer mit hundert Ratschlägen und Betreuungen. Das hat unter anderem den Nachteil, dass sie in eine manchmal fatale Passivität gezwängt werden. Sind sie erst einmal daran gewöhnt, finden sie schlecht wieder heraus. Auch Sascha nicht. Er möchte jetzt schon gern in seine gewohnte Abhängigkeit zurück. Aber ich lasse ihn nicht.

»Wer spielt denn hier«, frage ich, »du oder ich?«

»Ich«, sagt Sascha stolz und rückt den Stuhl an den Computer heran.

Sascha muss lernen – oder er wird sich nie aus seiner Aufmerksamkeits- und Lernschwäche befreien –, für sich selber einzustehen. Er muss außerdem lernen, *Ungewissheiten auszuhalten, ohne sich gleich in irgendwelche diffuse oder aggressive Abwehr zu verstricken.*

Er muss lernen, Entscheidungen zu treffen, ohne resigniert zu murmeln: »Das kann ich nicht«.

Viele Kinder seiner Art haben die Erfahrung gemacht und verlassen sich nach einer Weile darauf, dass auf ihr dahin geflüstertes »das lerne ich nie« eine ganze Batterie von Hilfsangeboten auf sie losgelassen wird.

Viele dieser Kinder sind sehr ungeübt darin, Ungewissheit zu ertragen und Verantwortung für sich selber zu übernehmen. Der Computer nimmt auf solche Skrupel keine Rücksicht. Er stellt also die Frage nach der Richtung, die Töff-Töff einschlagen soll, und nur Sascha kann sie beantworten – oder das Spiel ist zu Ende! Sascha reagiert. Er reagiert positiv, er reagiert aktiv. »Ich fahre geradeaus«, sagt er.

Und dann ruckelt Töff-Töff, von Sascha gelenkt, den holprigsteinigen Pfad hinab, der in die Savannen und Wiesen des Brummburger Zoos hineinführt. Sascha atmet tief durch.

»Mein lieber Mann«, sagt er, »hoffentlich geht das gut.«

»Das weiß man nie«, sage ich.

Eine weiche lebendige Lichtwelt

Wir befinden uns im Cyberspace, und das ist ein merkwürdiges Erlebnisgelände, Sascha agiert in einer interaktiven Symbolwelt. Er ist ein Teil von ihr, weil seine Intelligenz und sein Wille, seine Ausdauer und seine Emotionen in diese künstliche Welt einfließen. Insofern ist sein Handeln fast so, als sei es real, er tut etwas, entscheidet etwas, er will etwas und empfindet es. Und gleichzeitig handelt er in einer Welt, in der er jede Entscheidung, so wichtig sie ist, immer noch einmal korrigieren kann. Es ist eine Spiel- und Übungswelt, allerdings eine von besonderer Eindringlichkeit, von unmittelbarer Präsenz.

Etwas Ähnliches gibt es vielleicht in den Rollenspielen einer Therapie. Nur ist im Cyberspace – und das ist nun der zweite Punkt – der Charakter der Freiheit, der Leichtigkeit, der Veränderlichkeit größer, als er in irgendeinem anderen Medium sein könnte. Diese Computerbildwelt ist eine Lichtbildwelt. Alles geht hier leichter, schneller, man stößt nicht so oft auf Widerstand.

Und die Attraktivität ist enorm. Der kleine Spieler weiß nicht, wie diese Welt in diesem Spiel aussieht. In ihr ist ja fast alles möglich; hundert unerwartete visuelle Wunder und Neuigkeiten eröffnen sich von Spielebene zu Spielebene. Das versetzt den Spieler in einen *ständigen Erwartungszustand.*

Kein anderes Medium ist den kindlichen Träumen und Wünschen so nahe wie diese Lichtbilder. Die Szenen, die Figuren und die möglichen probeweisen Identifikationen, die vor Saschas Augen erstehen, sind perfekt, vollkommen und gleichzeitig mit einer Handbewegung aufhebbar, überwindbar, widerrufbar. Es ist eine ganz in sich geschlossene Bildwelt, in die Sascha versinkt. Zugleich herrscht und entscheidet er, die Figuren, die Helden sind seinem Willen und seinen Entscheidungen gefügig.

Schöne Bilder, schwierige Aufgaben

Töff-Töff rumpelt und zuckelt, von Saschas Hand und der Maus angeleitet, an gewaltigen Steppenlandschaften vorbei, die von kleinen Tümpeln und Flüssen durchzogen werden. Löwen räkeln sich, Kängurus hüpfen, ein Pfau schlägt im Vordergrund des Bildschirms ein gewaltiges Rad, kurz, diese Tierlandschaft ist viel attraktiver, als sie es in der Realität sein könnte. Sie ist ein kleines Kunstwerk.

Wir müssen noch fünf Tierbabys retten, sagt Töff-Töff mahnend, er sagt es ungefähr alle drei Minuten, ziemlich zusammenhanglos. Aber ich vermute, dass Entwickler von Spielen damit dem Bildhunger des Kindes entgegen wirken wollen. Deshalb erinnern sie an die Aufgaben, die noch vor dem kleinen Spieler liegen. Der großartigen Bildwirkung, die der kleine Spieler mit jeden Klick erzielt, wird eine komplexe *Struktur von Aufgaben entgegen gesetzt.*

Sascha rutscht unruhig auf seinem Stuhl hin und her. Rücken und Hinterteil in Bewegung, aber den Kopf ganz starr und den Blick fest auf Töff-Töff fixiert. Jetzt wird sich gleich zeigen, was seine Entscheidung, geradeaus zu fahren, nicht nach rechts und nicht nach links, wirklich wert war.

Hier im Cyberspace korrigiert und ermahnt ihn keiner, das ist einerseits ziemlich befreiend, andererseits beunruhigend.

Hin und wieder streift mich sein unruhiger Blick. Will der nicht endlich mal was sagen, etwas Bewertendes? So etwas wie:»Was machst *du* denn da«, oder:»So nicht, dorthin«, oder:»Das hast du gut gemacht«.

Aber ich schweige. Ich halte konsequent den Mund und lasse den kleinen Jungen mit seiner mühseligen Verantwortung allein.

Ein Computer ist streng

Und der Computer? Der ist so und so cool, bis in jedes Siliziumatom, dem ist alles egal! Sollte Sascha seine Aufgaben nicht finden, sollte er nicht richtig knobeln und kombinieren, sollte er die Tierchen nicht finden, dann bleiben ihm eben die anderen, die weiterführenden Bildräume verschlossen. Dann gibt es eben nicht mehr zu sehen und zu befahren und zu erleben als das, was Sascha schon (als Ermutigung, Antrieb, als Sinnesfutter) zu sehen, zu hören und zu erleben bekommen hat.

Dem Computer macht das nichts. Der lässt das Kind allein mit seinen Wünschen und klinkt sich einfach aus, wenn ein Spieler in die Irre gegangen ist, und dann – dann fängt das Ganze von vorn an und der kleine Spieler muss schon wieder entscheiden, ob er die ganzen Aufgaben ein zweites Mal durchlaufen oder lieber resigniert aufgeben will.

Der Computer bedeutet mit einer Hartnäckigkeit und Gelassenheit, die kein menschlicher Betreuer oder Therapeut und erst recht kein Vater und keine Mutter aufbrächten: Du musst zu deiner Entscheidung stehen. Überprüf sie, korrigiere sie, so weit du kannst, aber raus aus deiner Verantwortung kommst du zumindest im Cyberland nicht.

In der wirklichen Welt steht immer etwas im Wege!

Sascha ist also gezwungen – genauer: er lässt sich aus verschiedenen Motiven heraus bereitwillig zwingen –, die Aufgaben, die er begonnen hat, zu Ende zu bringen und immer wieder über die Voraussetzungen, die er selber geschaffen hat, nachzudenken. Das wirksamste Motiv ist zweifelsfrei das vorhin genannte, die eindrucksvolle Bild- und Erlebniswelt, auf die er nicht verzichten will.

Dazu kommt, dass seine nahezu omnipotenten Fähigkeiten im Umgang mit den Bildwelten jetzt mit einer strikten Korrektheit und Stimmigkeit von Aufgaben und Lösungen verbunden wird. Gedankliche Anstrengung wird unaufhörlich abgenötigt, aber auf eine besondere, ästhetische und eindringliche Weise; jede Anstrengung wird, psychologisch gesprochen, mit mächtigen »narzisstischen« Stimuli versetzt.

Vielleicht kann man es so sagen: In der wirklichen Welt steht einem Kind, erst recht einem verhaltensschwierigen Kind, ständig irgendetwas im Wege. Irgendetwas hält ihn immer auf. Untergräbt seine Pläne, unterläuft seine besten Absichten. Mal ist es seine Ungeschicklichkeit beim Ballspiel, die ihm erst die Geduld und dann den Mut raubt, mal ist es seine Unfähigkeit, alphabetische Zeichen so geordnet auf das Papier zu bringen wie die anderen Kinder, mal ist es die Ermahnung des Lehrers, das Schimpfen oder die Enttäuschung der Eltern.

Kurz, seine wirkliche Welt ist bis oben hin voll gestopft mit Behinderungen, Enttäuschungen. Eines erinnert an das andere, das Ballspiel an die letzte Fünf in Mathe, die Ermahnung in der Schule an die Mühsal bei den Hausaufgaben! Die wirkliche Welt ist schwerfällig und lästig.

Dagegen erscheint die Verfolgung eines Zieles in diesen Symbolräumen plötzlich wie freigefegt von allen Begrenzungen, Beeinträchtigungen, die das wirkliche Leben kennzeichnen. Jetzt kann Sascha endlich mit ungetrübtem Mut ein Ziel verfolgen, er kann sich Instrumente oder Handwerkszeug besorgen, ohne gleich an Ungeschicklichkeiten, die er sonst an den Tag legt, erinnert zu werden.

Ein Kind fasst Mut

Machen wir uns klar, dass Sascha – vielleicht zum ersten Mal seit sehr langer Zeit – nicht von prüfenden Augen oder von seinem inneren Auge, seinem misstrauisch und beengtem Selbst – beobachtet wird, während er sich anschickt, eine kleine Heldentat nach der anderen zu vollbringen. Hier in der symbolischen Welt gibt es diesen prüfenden Blick nicht. Keine Bewertung, keine Verurteilung, keine Vorurteile:»Der schafft das ja doch nicht«. Kein»das hast du doch nicht allein gemacht, oder?« nach einer gelungenen Lösung einer schwierigen Aufgabe.

Sascha zieht einen Staudamm hoch, der das Wasser in die Flussrinne spült, in dem das kleine Robbenbaby im Trockenen sitzt. Nun schwimmt es in die Freiheit. Sascha wirft das Seil den Wasserfall hinunter, an dem das Tigerbaby sich vergnügt hochzieht und ihn bzw. *Töff-Töff* froh umarmt. Sascha vertreibt trickreich die kleine Maus, die dem großen Elefantenbaby so viel Angst eingeflößt hat. Hier in der symbolischen Welt des Cyberspace traut er sich alles zu, Funktionalität und Planung, Verknüpfung herzustellen und sogar Zeichen und schriftliche Symbole zu entziffern und in richtige Zusammenhänge einzufügen.

Hier, im Cyberspace fällt ihm alles leicht, und jedes Lernen ist mit einer Heldentat verbunden.

Weil die Verbindung von Lernen und Held-Sein in einer Art Traumland passiert, ist die bewusste und unbewusste Wirkung hochgradig effektiv und nachhaltig.

Im wirklichen Leben hätte er längst aufgegeben ...!

So funktioniert Lernen im Computer. Viel besser kann es gar nicht sein. Im wirklichen Leben wäre Sascha längst ängstlich zur Seite getreten und hätte den Geschickteren das Feld überlassen. Hier macht er die Erfahrung: Ich bin selber geschickt, selber ein Held, Aufmerksamkeit lohnt sich, Konzentration lohnt sich, Entziffern und kulturelle Zeichen verstehen – dies alles lohnt sich! So ist der Cyberspace ein Möglichkeitsfeld. Ganz besonders wichtig für diejenigen, die im wirklichen Leben so oft an ihre Grenzen stoßen.

Der Computer gibt unseren schwierigen Kindern wieder ein Gefühl dafür, dass auch sie eine offene Zukunft haben, dass nicht alles schon – wie es schlechte Zensuren und schimpfende Eltern oft vermuten lassen – zugenagelt ist bis oben hin. Im Cyberspace reißt die Zukunft wieder auf, sie ist frei und offen.

Und wir wissen ja aus der Lernpsychologie, dass es ohne Selbst-Zuversicht kein bedachtes Handeln gibt, dass es ohne Selbst-Vertrauen keine Geduld geben kann (man muss ja immer vor der nächsten drohenden Katastrophe davonlaufen!).

Sascha ist jetzt zuversichtlich, er vertraut auf seine Kräfte, es fällt ihm leicht. Er bemerkt es kaum. Und so handelt er jetzt konsequent anders, als er im realen Leben zu handeln gewohnt ist. Das ist angesichts der hinter ihm liegenden Lebensgeschichte und der schlechten Prognosen, die immer einen Hang haben, sich selber zu bestätigen, auch kein Wunder. Was das Lernen mit Vater und Mutter auf unvergleichliche Weise vermag, das kann der Computer im begrenzten Umfang auch: *Zuversicht mit konkreten Lernschritten verknüpfen.* Mut schöpfen in der Aneignung kultureller Symbole. Vertrauen herstellen dafür, dass jedes Kind den Eintritt in die kulturelle und symbolische Gemeinschaft schaffen kann.

Dadurch werden all die vielen Schriftzeichen und Zahlen, Mengenvorstellungen und andere symbolische Ordnungen plötzlich wieder attraktiv. Sie sind nicht so fremd, wie sie vorher waren, nicht immer nur feindlich. Sie erscheinen jetzt wieder als ein Teil der eigenen Zukunft und des eigenen Selbst. So wird symbolisches Handeln im Cyberspace zu einer Chance, die das ganze Verhalten und die intellektuellen Möglichkeiten eines Kindes befördern. Ein Kind versteht dies nicht, fühlt es aber. Und greift die Chance begierig auf.

III. TEIL Unkonzentriert, unruhig, manchmal aggressiv – Wie Sie Ihrem Kind helfen können

17. Kapitel

Aufmerksamkeitsschwäche, keine Konzentration – und was nun?

Ihr Kind freut sich auf die Schule, dann lässt die Freude abrupt nach. Schon nach wenigen Monaten mag Ihr Sohn oder Ihre Tochter von Schule und Lernen nichts mehr wissen. Es wirkt zögerlich, ängstlich oder sogar aggressiv, wenn es morgens zur Schule geht.

Jetzt heißt es: aufgepasst! Denn hinter dieser Unlust können sich viele Ursachen verbergen. Schon möglich, dass Ihrem Kind die Disziplin und das geregelte Lernen einfach auf die Nerven geht. Das kann natürlich auch auf eine unzureichende Erziehung der ersten Lebensjahre hinweisen. Das kann auch Folge davon sein, dass Ihr Kind im dritten, vierten und fünften Lebensjahr nicht in ausreichender Weise Ordnungen und Regeln und die Verinnerlichung von Ordnung und Regeln geübt hat. Dann brechen die Anforderungen der Schule oft wie eine Katastrophe über die kleine Psyche herein. Das Kind ist permanent überfordert und wehrt sich.

Ebenso häufig ist aber eine ganz andere Ursache, die leider immer noch viel zu spät erkannt wird. Eigentlich ist es auch nicht *eine* Ursache, sondern ein Ursachenbündel, zusammengesetzt aus vielen Faktoren oder besser: aus vielen Schichten sowohl genetischer (angeborener) als auch erworbener bzw. anerzogener Art. Für dieses Ursachenbündel gibt es viele Namen oder Benennungen, die oft nur verwirren.

Wahrnehmungsstörung lautet so eine Benennung, ADS, Aufmerksamkeitsschwäche oder Aufmerksamkeitsdefizitsyndrom eine andere, Teilleistungsstörung mit einem Schwerpunkt auf Legasthenie oder einem Schwerpunkt auf Dyskalkulie eine weitere.

Wir werden also gleich ausführlich darüber sprechen müssen, wie wir zu einer differenzierten und richtigen Betrachtung der schulischen Schwierigkeiten kommen. Zunächst aber ist es wichtig, dass wir sie ernst nehmen.

Nun meine ich mit ernst nehmen nicht, dass Sie bei den ersten Schulproblemen in Panik verfallen und sich die schulische und berufliche Zukunft Ihres Kindes in den düstersten Farben ausmalen. Dies wäre so ziemlich das Falscheste, was Sie jetzt tun könnten. Jede negative Prognose hat nämlich die verhängnisvolle Neigung, sich selber zu erfüllen. Schule ist bei weitem nicht das Wichtigste im Leben eines Kindes, denken Sie daran, vor allem dann, wenn es mit der Schule Schwierigkeiten gibt.

Nun mögen Sie denken: leichter gesagt als getan. Bei uns zu Hause türmen sich die Probleme zu riesigen Bergen. Ich stehe vor einem verängstigten oder aggressiven, den Unterricht von Herzen hassenden Kind, ich habe Mühe, es jeden Morgen pünktlich zur Schule zu transportieren, nun erfahre ich, dass die Gründe dafür überaus komplizierter und keineswegs eindeutiger Art sind, und soll darüber nicht in Panik geraten? Ein bisschen viel verlangt!

Der Einwand ist gerechtfertigt. Meine Aufforderung zur elterlichen Gelassenheit ist es aber auch. Wenn sich nämlich herausstellen sollte, dass Ihr Kind tatsächlich eine *auf Wahrnehmungsstörungen beruhende Lese-Rechtschreibschwäche oder Rechenschwäche* oder gar allgemeine Lernprobleme hat, dann müssen Sie sich ohnehin auf einige schwierige Schuljahre einrichten. Am besten, Sie tun es auf möglichst entspannte Weise.

Atmen Sie also tief durch und lesen Sie die folgenden Informationen mit einem Augenzwinkern, einer klugen Lust an dem Abenteuer, welches das schulische Leben für Sie und Ihr Kind mit großer Wahrscheinlichkeit bedeuten wird. Bedenken Sie zwischendurch – als *unvernünftigen* Trost –, dass nach ernst zu nehmenden Schätzungen ca. 20 bis 30 Prozent aller Eltern von Grundschulkindern die Sorgen mit Ihnen teilen. Wahrscheinlich sind es noch viel mehr!

Lassen Sie sich von niemandem einreden, dass Ihr Kind in dieser Grundschulklasse ein besonders schwieriges Kind sei, alle anderen hätten keine Probleme. Lehrer verbreiten solche kleinen Schwindeleien gern auf Elternsprechtagen: sie handeln oft aus reinem Selbstschutz. Aber Sie, die Eltern, spielen das Spiel bitte nicht mit. Reden Sie, auf Elternabenden, laut und offen über die Probleme Ihres Kindes, Sie werden merken, dass andere, weniger mutige Eltern Ihnen folgen: sie stehen vor genau denselben Schwierigkeiten.

Je gelassener und mutiger Sie die Dinge angehen, desto gelassener und mutiger wird Ihr Kind seinen Weg mit ihnen gehen – und desto besser sind seine Aussichten.

18. Kapitel

Was ist denn eigentlich ADS – und warum konzentrieren sich unsere Kinder nicht mehr?

Die Experten: die Kinderpsychologen, Erziehungs- und andere Wissenschaftler, Kinderpsychiater rätseln seit nunmehr 30 Jahren intensiver daran herum, was eigentlich die Substanz, das Zentrum der Störung dieser ADS-Kinder ist. Alle fünf Jahre wird eine neue Theorie aufgetischt, alle fünf Jahre eine alte widerrufen. Das Aufmerksamkeitsdefizit-Syndrom (ADS) mit oder ohne Hyperaktivität gilt seit längerem als die häufigste seelische Störung des Kinder- und Jugendalters.

Ich gehe davon aus, dass das Dilemma dieser fachlichen Diskussionen im wesentlichen darin besteht, dass sie sich nur auf empirische Untersuchungen und neurobiologische Befunde und Spekulationen stützen. Mit dem Zusammenzählen und Ordnen von kindlichen Verhaltensweisen, dem statistischen Zählen von Symptomen und typischen Konflikten ist aber wenig gewonnen, weil dies eine Art der Verallgemeinerung ist, der die analytische Grundlage fehlt – man verallgemeinert sozusagen ins Blaue hinein!

Zeigen sich in dem großen unübersichtlichem Symptomfeld der modernen »nervösen« Kinder neue Verhaltensstörungen, neue Probleme, dann werden die statistischen Diagnosebücher der Psychiatrie und Psychologie eben umgeschrieben oder erweitert. Ein unverstandenes Symptom wird an ein anderes gereiht. Die scheinbar objektiven »diagnostischen Erhebungen« und »testpsychologischen Verfahren« besorgen letztlich nichts anderes, als die Häufigkeit der in den Handbüchern verzeichneten, als symptomatisch angenommenen Verhaltensweisen zu *zählen*, einen statistischen Mittelwert anzunehmen und – wird dieser überschritten – das Kind als ein ADS-Kind (mit »gesicherter Diagnose«) einzustufen.

Was ist die Folge?

Familie F. weiß sich nicht zu helfen

Folge ist ein Fall wie dieser: Familie F. hat Probleme mit dem 8-jährigen Sohn. Er konzentriert sich nicht, er mag sich der schulischen Disziplin nicht fügen, ja, man hat den Eindruck, er begreift nicht ganz, was da von ihm gefordert wird, seine Lernleistungen sind – bei durchschnittlicher Intelligenz – mittelmäßig oder katastrophal, wobei es für Lehrer und Eltern schwer zu entscheiden ist, ob die miserablen Leistungen auf Mangel an Konzentration und Fleiß oder auf eine Lernschwäche zurückzuführen sind. Offenkundig hat er zusätzliche elementare Probleme damit, Lesen und Schreiben zu lernen, er vergisst ohne ersichtlichen Grund auch solche Worte oder Regeln, die er am Tag zuvor noch einwandfrei verstanden und behalten hatte. Die Anfertigung der Hausaufgaben ist ein tägliches Drama. Die Familie rutscht in ein seelisches Tief, angestiftet von dem Chaos im Kopf eines Kindes.

Familie F. sucht voller Zuversicht einen Kinderpsychiater auf; unterstellen wir, es handelt sich um einen erfahrenen und gut informierten Arzt. Vorgespräch, Anamnese – sie erscheint im Diagnosebogen meist ohne den geringsten Bezug zur Problemgeschichte –, dann Intelligenztest, projektive Verhaltenstests, spezifische Aufmerksamkeits- und Konzentrationstests. Lehrer und Eltern füllen nebenher reihenweise Fragebögen aus. Am Ende scheint die Diagnose sicher.

Ihr Kind, erläutert der erfahrene Arzt den gespannten Eltern, zählt zu den ADS-Kindern, es »zeigt« ein Aufmerksamkeitsdefizit-Syndrom mit oder ohne Hyperaktivität.

Und jetzt machen wir Therapie ...

Erscheint die Diagnose nach allen Regeln der psychiatrischen Kunst eindeutig, wird den Eltern eine Medikation empfohlen, in der Regel ein Methylphenidat namens Ritalin oder Medikinet, ein stimulierendes Psychopharmakon, das die Unruhe und Aufmerksamkeitsschwäche reduzieren hilft. Bei überimpulsiven Kindern wirkt es in der Tat zu mehr als 70 Prozent. Die Wirkungen sind dramatisch, die Nebenwirkungen kurzfristig kaum der Rede wert – von wenigen Ausnahmen abgesehen –, langfristig sind sie allerdings besorgniserregend. Aber das Langfristige sieht man ja noch nicht!

Manche Kinderpsychiater erwägen die Vergabe von Ritalin auch zum Zweck der Diagnose. Schlägt das Medikament an, gehen Sie von einem ADS aus. Nun ist es so, dass Ritalin bei »gesunden« Kindern dieselben Effekte zeigen kann wie bei ADS-gestörten, es ist überhaupt kein spezifisch auf ein kategorial erfasstes Krankheitssymptom bezogenes Medikament, sondern ein relativ unspezifisches symptommminderndes Mittel, das eben bei sehr impulsiven Menschen bestimmte Wirkungen erzielt. Zur Diagnose kann es deshalb wenig beitragen. Auch Kinder, die keine Spur eines Aufmerksamkeitsdefizit-Syndroms zeigen, wirken nach Ritalin oft ruhiger, zumal spontane und lebhafte Kinder. Auf solche Fehldiagnostik bin ich mehr als einmal gestoßen. Der Grund ist wohl darin zu sehen, dass vielen Psychiatern das Unspezifische dieser Medikation ebenso wie der rein beschreibende Charakter der Diagnose ADS nicht in ausreichendem Maße vertraut ist.

Unsere Eltern F. fragen besorgt nach »Therapie«. In der Regel wird ihnen eine Ergotherapie empfohlen. Sie ist in der Tat nützlich, sie macht den Kindern Spaß, ist aber – ausweislich aller Fachliteratur – eine lediglich stützende Maßnahme. Besserung oder Heilung des problematischen Verhaltens ist von ihr so wenig zu erwarten wie von einer analytischen Spieltherapie. Kundigere Psychiater werden eine Verhaltenstherapie vorschlagen, die als Mittel der Wahl bei ADS gilt. Freilich gibt es neuere Untersuchungen, die aufzeigen, dass die Wirkung der Verhaltenstherapie geringfügig, beziehungsweise überhaupt nicht darstellbar ist. Bei gleichzeitiger Verordnung von Therapie und Medikation ist die Wirkung wesentlich bis auf das Medikament zurückzuführen.

Dabei kennt die Verhaltenstherapie eine Reihe von Übungen, die, verbunden mit einem Elterntraining und einer langfristigen Beratung und Betreuung, durchaus hilfreich sein könnte. Die tägliche Praxis sieht aber anders aus. In den meisten Fällen werden in einer kinderpsychologischen Praxis 17 bis 20 Stunden Therapie durchgeführt, von Modul zu Modul arbeiten Kind und Therapeut sich voran und versuchen, Verhaltensalternativen zu trainieren. Begleitendes Konzentrationstraining soll die Wirkung unterstützen. Das Ergebnis sieht in der Regel so aus, dass dieses Kind innerhalb der psychologischen Praxis sein Verhalten bis zur Unauffälligkeit verändert – möglicherweise aber allein mit einem Erwachsenen schon immer unauffällig war – und außerhalb der Therapie seine Probleme behält oder bestenfalls kurzfristig reduziert.

Der Grund dafür liegt einerseits in den Mängeln der vorliegenden Therapieprogramme selber – darauf will ich hier nicht im Detail eingehen. Er liegt andererseits für jedermann erkennbar darin, dass die Lebenswelt des Kindes sich ja mit keinem Deut geändert hat. Alle Faktoren, die sein Verhalten antrieben, treiben es weiter an. Alle Diskrepanzen, die Psyche des Kindes zerreißen, sind noch immer wirksam.

Und was würde wirklich helfen?

Statt Therapie im abgeschotteten Raum müssen Mittel und Wege gefunden werden, die Achse seines alltäglichen Lebens ein Stück weit umzukehren – mit ein wenig Glück weit genug, damit dieses Kind sich selber mithilfe der Eltern aus den Schwierigkeiten befreit.

Dies leistet aber kein Arzt oder Psychologe mit einem 17- oder 20-stündigen Therapieprogramm, dies leistet auch kein Medikament. Dies wäre nur dann zu erreichen, wenn Eltern und Kind über mindestens zwei Jahre sorgfältig betreut würden – nicht im Sinn psychologischer Besserwisserei und Bevormundung, sondern einer zurückhaltenden Beratung – und wenn Eltern selber sich mit dem Kind um die Aufhebung der Schwierigkeiten bemühten, jeden Tag.

So sieht die Situation heute also aus: Außer der riskanten Medikation gibt es keine sinnvolle Hilfe für aufmerksamkeitsschwache, konzentrationsarme, unruhige Kinder, alle Hilfe kommt von den Eltern selber oder bleibt aus.

Natürlich stehen die Chancen erheblich besser, wenn die elterlichen Bemühungen in allen Schritten von kompetenten Psychologen oder gut ausgebildeten Lehrern oder einfach einer lebensklugen Person begleitet werden.

Aber kompetente Psychologen sind rar, in Sachen moderner Verhaltensprobleme gut ausgebildete Lehrer gibt es wenige, die Kultusbürokratien tun ein Übriges, um den Kindern den Weg in die Zukunft zu versperren, nun ja, und die Unterstützung, die von institutioneller Psychologie und Psychiatrie zu erwarten ist, habe ich soeben, kaum überspitzt, charakterisiert. Die Eltern sind auf sich selbst angewiesen. Sie sollten sich besser darauf einstellen – gleichwohl immer die Augen und Ohren offen halten, ob es nicht doch in erreichbarer Nähe sorgfältige und geduldige psychologische Beratung zu erschwinglichen Preisen gibt. Sie sollten sie, falls vorhanden, unbedingt aufsuchen, aber nicht, um ihre Verantwortung an den Experten abzugeben, sondern um sich, im Gegenteil, in ihrer elterlichen Verantwortung bestärken zu lassen.

Die Formulierung wird etwas anders gewendet nicht falsch: Eltern sollten nur solchen psychologischen Beratern trauen, die sich nicht mit ihrer Kompetenz in den Vordergrund drängen, sondern *den Eltern* alle Kompetenz und Verantwortung überlassen und ihnen eine Reihe von sinnvollen Vorschläge anbieten, wie sie verantwortungsvoll handeln können. Wir haben bisher nur von so genannt diagnostizierten ADS-Kindern gesprochen. Aber der Mangel an Aufmerksamkeit, Störung der Konzentration breitet sich aus. Eine gewisse Bereitschaft zur Aufkündigung gemeinschaftlich festgelegter Ziele, oft zur abrupten Aggressivität auf der einen Seite, eine Verträumtheit mit allen Anzeichen einer Realitätsflucht andererseits, beide meist mit massiven Lernproblemen verbunden, finden sich bei sehr viel mehr Kindern. Über ihre Zahl gibt es nur Schätzungen. Sie sind sehr ungenau. Manche Grundschullehrer berichten, dass bis zu 60 Prozent ihrer Kinder Schreibprobleme haben, Ordnungen jeglicher Art kaum begreifen und erst recht nicht auf Dauer befolgen können, viele übermüdet und zugleich verängstigt wirken, wobei sie gleichzeitig – paradoxerweise – ein Selbstvertrauen an den Tag legen, das oft von Unverschämtheit schwer zu unterscheiden ist. Ihre Begeisterungsfähigkeit ist enorm, aber wenig dauerhaft, langfristige Projekte sind mit Schulklassen heute schwer zu realisieren. Dies alles gehört in den Symptomkreis von ADS oder der Aufmerksamkeitsschwächen – oder welchen Namen man in Zukunft für dieses sich ausweitende Phänomen moderner Kindheit erfinden wird. Wir sprechen von mehreren Millionen Kindern.

19. Kapitel

Wie zwei Außenseitern geholfen wurde, oder: Wir stellen alles auf den Kopf

Im Vorwort habe ich von einem Elternpaar erzählt, dem ich von Herzen gratuliert habe. Ihr dreizehnjähriger Sohn – ein ADS- oder jedenfalls sehr impulsives, wenig zur Konzentration begabtes Kind – hatte eine positive Entwicklung genommen. Sie haben alles richtig gemacht, sagte ich, und wir werden im folgenden Kapitel klären, worin dieses »alles« bestand. Bevor ich auf die wirksamen Übungen eingehe, mit deren Hilfe es den Eltern gelungen war, das familiäre Leben wieder ins Lot zu bringen, möchte ich zwei Überlegungen voranstellen, aus denen jeweils ein konkreter Vorschlag folgt. Die erste nenne ich »Umwertung«.

In fast jeder Schwäche steckt eine Stärke. Dieser Satz ist nicht sonderlich originell, aber nützlich. Leider wird er so gut wie nie beachtet, in der Kindererziehung schon gar nicht! Dabei könnte er uns dabei helfen, in der Erziehung nicht alles und jedes unter moralisch-bewertenden Aspekten zu betrachten. Die moralischen Betrachtungsweisen haben viel zu oft sinnlose und unvernünftige elterliche Empörung zur Folge. Ein Kind wird anhand einer einzigen Handlung, eines »Vergehens« gewertet und verurteilt. Von nun an ist es »ein Lügner«, »ein Schläger«, ein unzuverlässiges oder sonst wie unglaubwürdiges Wesen.

»Du sollst dir kein Bildnis machen …«, mahnt das alttestamentarische Gebot. Wir verstoßen laufend dagegen. Im großen und im kleinen.

»Du bist aber auch ein Träumer …« raunzen wir, weil unser Kind vergessen hat, die Tür hinter sich zu schließen. »Auf dich kann man sich einfach nicht verlassen!«, sagen wir, weil es vergessen hat, die Spülmaschine auszuräumen. Dabei haben wir möglicherweise nicht einmal die Gründe für diese oder jene Handlung oder Unterlassung richtig verstanden; oft erkundigen wir uns nicht einmal geduldig danach und sind schon mit abfälligen Bewertungen bei der Hand. Fast alle Eltern tun das, auch liebevolle. Achten Sie einmal darauf!

Und damit kommen wir zur »Umwertung«.

Schwächen – gibt's die?

Wie gesagt, in jeder Schwäche steckt eine Stärke, in jeder Unart auch eine »Art«. Die jeweilige Art eines Kindes mit elterlicher Intuition zu erspüren ist eine zentrale Aufgabe familiärer Erziehung. Wie gerade die besonderen elterlichen Fähigkeiten helfen, aus schwierigen Situationen herauszufinden, zeigt die folgende Geschichte von Fritz.

Fritz ist ein kräftiger Junge, leider ist er auch ein wenig unbeholfen. Er ist deutlich größer, »klobiger« als seine Klassenkameraden. Das macht ihn rasch zum Außenseiter.

Bei Teamspielen – Basketball, Fußball – wird er immer als letzter gewählt. Keiner will ihn in seiner Gruppe haben. Fritz ist einfach zu ungeschickt, trotz seiner Körperkräfte. Wenn er sich mal beim Basketball-Spiel durch die Verteidigungslinie der Gegner hindurchgewühlt hat, verstolpert er todsicher jeden Ball oder poltert selber zu Boden, kurzum: er weiß mit seinen Kräften nicht wohin. Das ist nicht nur im Spiel so.

Im Unterricht werden ihm seine überschießenden Kräfte ebenfalls zum Verhängnis. Eine Dreiviertelstunde aufmerksam sein – mit der Aussicht auf weitere fünf Stunden, in denen er wieder still sitzen soll –, das ist zu viel, das schafft Fritz nicht. Er zappelt mit den Beinen hierhin und dorthin, er steht im Unterricht schon mal auf, prompt knallt ein Stuhl auf den Boden. Kurzum, die Ordnung der Klasse bricht jedes Mal auseinander, wenn Fritz seinen »Impulsen« nachgibt. Dann seufzt der Lehrer und die Klassenkameraden stöhnen auf: »Schon wieder Fritz.«

So war es viele Jahre, dann wurde es Fritz zu viel. Er tat das, was ich eben »Umwertung« genannt habe und was seine Eltern und die anderen Pädagogen versäumt hatten. Leider in die falsche Richtung.

Fritz setzt sich durch – zu seinem Nachteil

Umwertung aus der Sicht von Fritz hieß nämlich, dass er seine Körperkräfte nicht länger als Hindernis, sondern als Stärke einsetzte. Er zeigte es ihnen! Auf dem Pausenhof machte er deutlich, dass jeder mit Schlägen zu rechnen hätte, der sich über ihn lustig macht. Fritz hatte keinerlei Mühe, seine Absicht in die Tat umzusetzen. Zwei oder drei kräftige Prügeleien, und schon hatte er den Respekt der Klassenkameraden gewonnen. In der Stunde lachte jetzt keiner mehr, wenn er aufstand und ein Stuhl umfiel. Oder falls einer lachte, dann eher anerkennend und befreit: Fritz hatte wieder einmal die langweilige Ordnung einer Unterrichtsstunde unterbrochen!

Fritz wurde allerdings nicht beliebter dadurch, er galt jetzt als Schläger, er wurde immer noch ausgegrenzt. Aber in der Ausgrenzung schwang ein geheimer Respekt mit, zumindest bei einem Teil der Klassenkameraden. Im Spiel hatte man ihn lieber in der eigenen Mannschaft als in der gegnerischen. Denn Fritz machte deutlich, dass er nicht mehr verlieren wollte. Wiederum wurde er durch sein Verhalten stigmatisiert, aber in dem Stigma war eine Umwertung enthalten: Stigma hieß jetzt auch unterschwellige Anerkennung. Fritz wusste das, und wenn er es nicht wusste, so spürte er es. Seine Entwicklung verlief nun geradlinig – in die falsche Richtung.

Grober Klotz, grober Keil

Es gibt mehr als einen Pädagogen, mehr als einen Kinderpsychologen oder Jugendrichter, der in solchen Fällen der festen Überzeugung ist, auf einen derart groben Klotz gehöre ein grober Keil. Kinder wie Fritz seien überhaupt nur durch drakonische Strafen zur Vernunft zu bringen. Genau dies versuchten die Eltern, und es ging schief.

Für seine Prügeleien wurde Fritz bestraft, bald drohte der Verweis von der Schule. Fritz geriet dadurch in die Klemme. Einerseits sprach sich unter den Kindern herum, dass der Fritz beim nächsten Vorfall von der Schule fliegen werde. Andererseits konzentrierte sich nun die ganze Aufmerksamkeit auf ihn. Würde er nachgeben? Würde er einknicken?

Aber er hatte ja nur seine Körperkräfte und seine Prügelkraft, um sich zu behaupten, um sein Ich zu beweisen und zu stabilisieren. Nachgeben kam für Fritz gar nicht in Frage. Die einfache und logische (und von jedem einsichtigen Pädagogen oder Psychologen voraussehbare) Konsequenz solcher Strafen kann nur sein, dass es mit Fritz weiter abwärts ging. Fritz flog von der Schule. Das Stigma verhärtete sich.

Umwertung – ein zweiter Versuch

In der neuen Schule stand er sehr schnell in demselben Ruf, in derselben Sackgasse. Die Eltern wandten ihre ganze Autorität auf, sie bestraften Fritz, sperrten ihn ein, (Eltern nennen so etwas »Hausarrest«, für einen lebhaften und kräftigen Jungen ist es aber nichts anderes als »Einsperren«), mit jeder Strafe wuchs ihre Hilflosigkeit und mit ihrer Hilflosigkeit geriet Fritz noch tiefer in die seelische Sackgasse. Der grobe Klotz auf dem groben Keil half nicht.

Was wirklich weiter half, war dann eine – leider nicht von den Eltern erspürte, sondern von einem besonnenen Kinderpsychologen vorgeschlagene – »Umwertung«. Keine Umwertung im Sinne von Fritz, sondern eine Umwertung in einem anderen Sinne. Und die sah so aus: Fritz war kräftig und lebhaft, es stellte sich die Frage, ob er wirklich jeden Morgen Stunde um Stunde zwischen Stuhl und einer (viel zu niedrigen) Bank eingesperrt sein mußte. Auf Betreiben des Psychologen und mit Zustimmung des Klassenlehrers erhielt Fritz eine partielle Freistellung vom Unterricht. In dieser Zeit half er dem Hausmeister bei diversen Tätigkeiten.

In einer Schule gibt es eine Menge zu tun, eine Menge Geräte hin und her zu schaffen, Möbel von einem Raum in den anderen zu transportieren, die Aula mit Stühlen voll zu stellen und wieder zu leeren – kurzum, Fritz' Körperkräfte konnten sehr wohl in den Dienst der Schule gestellt werden. »Im Dienst der Schule« hieß nichts anderes, als dass Fritz lernte, dass seine Körperlichkeit durchaus auch sozial sein konnte, durchaus auch die Anerkennung der Erwachsenen finden konnte, nicht nur ihre Ablehnung. Fritz erfuhr, dass er auch von anderen Kindern akzeptiert werden konnte.

Nach einigen Gesprächen mit dem Kinderpsychologen gelang es Fritz, noch etwas anderes zu verstehen. Er kannte sich mit dem Schicksal eines Außenseiters aus, er wusste, wie traurig und einsam Außenseiter sich fühlen. Fritz war ein kräftiger Außenseiter (gewesen). Es gibt aber auch andere, schwächliche Außenseiter, magere oder eingeschüchterte kleine Jungen, manchmal mit Brille, oder besonders dicke und unbeholfene, die trotz ihres Gewichts nicht wie Fritz über Körperkräfte verfügten.

Außenseiter verstand er! Außenseiter sind von Ausgrenzung, ja von Klassenkeile, von Prügel bedroht. Sie werden von jedem geschubst, der gerade schlechte Laune hat oder sich gerade mal beweisen will. Außenseiter sind schwach, sie brauchen Hilfe. Hier konnte Fritz seine Körperkräfte sinnvoll, ja mitfühlend einsetzen – und er konnte gleichzeitig verstehen, also »reflektieren«, was er tat. Fritz konnte sich sozial verhalten und gleichzeitig seinen Verstand gebrauchen. Fritz konnte sich bestätigen und gleichzeitig in soziale Werte einfügen und einfühlen. Fritz, mit anderen Worten, kam den kleinen schwächlichen Außenseitern zu Hilfe.

Wenn sie geschubst wurden, dann eilte Fritz an ihre Seite, meist reichte es schon, dass er neben dem Hänfling stand, damit der in Ruhe gelassen wurde. Manchmal gab es auch eine kleine Hin- und Herschubserei. Aber der Respekt der Kinder vor Fritz reichte aus, um größere Gewaltausbrüche auf dem Schulhof zu vermeiden.

Nachdem Fritz dies geleistet hatte, ging er zufrieden mit dem Hausmeister daran, die eine oder andere Klasse einzurichten oder ein defektes Rohr zu reparieren. Und so, mit sich und seiner Körperlichkeit in Übereinstimmung, kam er zu den allerwichtigsten Stunden – den Deutschstunden, den Mathestunden – in den Unterricht zurück. 45 Minuten hielt er jetzt schon durch, er konzentrierte sich auf eine Weise, wie er es zuvor nie getan hatte.

Fritz entdeckt Gemeinschaft

Fritz war Teil der Gemeinschaft. Fritz war nicht mehr nur gefürchtet, sondern anerkannt. Er entdeckte das »Gemeinschaftliche«, das in jedem Ich eines Kindes verborgen ist, *in sich selber*. Fritz wurde fröhlicher. Einsam war er auch nicht mehr. Die anderen Kinder – nicht nur die Außenseiter, auch diejenigen, die die Außenseiter schubsten und vor den Körperkräften von Fritz Respekt hatten – wollten nun mit ihm spielen, luden ihn zum Geburtstag ein. Auf manchen Jungengeburtstagen war Fritz so etwas wie ein Garant dafür, dass es zu keinerlei »Ärger« kam. Kurzum, Fritz hatte sich eigentlich gar nicht so sehr geändert, sondern die *Interpretation* seines Verhaltens und die *Bedeutung*, die Lehrer, Eltern und die Klassenkameraden seinem Verhalten gaben, hatten sich geändert. Damit war die Welt für Fritz eine andere geworden.

Die Konflikte in der Familie nahmen auch ab. Sie waren ohnehin die Folge und keineswegs die Ursache von Fritz' Dilemma gewesen. Seine Schulnoten wurden besser, wenn auch nicht erheblich besser. Aus Fritz wurde kein guter Schüler, nicht einmal ein durchschnittlicher, aber ein *beinahe* durchschnittlicher. Fritz reichte das, seinen Eltern auch.

Den Hauptschulabschluss wird Fritz wohl erreichen, in den vielen Stunden mit dem Hausmeister hat er außerdem seine praktische Geschicklichkeit und seinen guten Willen hundertmal unter Beweis gestellt. Da gibt es mehr als einen Lehrherrn, dem dies wichtiger ist als die eine oder andere Eins in Deutsch oder Gesellschaftskunde. Fritz schaut zuversichtlich in die Zukunft, in die schulische, in die berufliche. Zu Hause hatte er eine Zeit lang kurz vor dem »Rausschmiss« gestanden. Nur die Tatsache, dass keiner wusste, wohin mit einem ungebärdigen 13-jährigen, der über so viel Körperkräfte verfügt, hatte den Rausschmiss verhindert. Jetzt war davon nicht mehr die Rede. Jeder, der Kinder hat, kann nachfühlen, welch eine Erleichterung dies für die Eltern bedeutet. »Umwertung« lautete das Zauberwort, das zu der glücklichen Entwicklung geführt hatte.

Das ist die erste allgemeine Überlegung. Eine zweite möchte ich gleich anschließen. Sie hat ebenfalls mit Umwertung zu tun, aber in einem etwas anderen Sinn. Ich spreche jetzt von der Umwertung, die nicht von außen an ein Kind herangetragen wird, sondern von dem Kind mithilfe seiner Eltern selber hergestellt wird. Auch dazu eine kleine Fallgeschichte, ein Beispiel.

Tatjana lügt, stiehlt und petzt – und fühlt sich immer im Recht

Tatjana ist 11 Jahre alt. Sie ist unbeliebt. Sie macht Schwierigkeiten. Auch elterliche Liebe kann sich erschöpfen. Aber erschöpfte, aufgebrauchte Elternliebe ist für ein Kind eine Katastrophe. Tatjana steuerte mit ihren 11 Jahren auf eben solch eine Katastrophe zu. Wieder war es ein sehr allgemeines Hilfsmittel, eine sehr prinzipielle und auf den ersten Blick abstrakt anmutende Überlegung, die der Entwicklung gerade noch rechtzeitig Einhalt gebot.

Tatjana log, weil sie aus allem nur ihren eigenen Vorteil ziehen wollte. Sie schwärzte Klassenkameraden an, warf ihnen genau jene Fehler vor, die sie selber beging. Sie war gierig, sie wollte alles und jedes haben, was ihr unter die Finger geriet. Sie verteidigte sich laut und schrill, keiner mochte sie, keiner glaubte ihren Beteuerungen. Und fast immer stellte sich heraus, dass Tatjana wieder gelogen und wieder denunziert hatte.

Diesmal ging es um ein Schulheft.

Ein Schulheft ist nicht unbedingt ein Gegenstand, um den sich 11-jährige Mädchen normalerweise streiten. Aber für Tatjana machte es schon gar keinen Unterschied mehr, worum es bei einem Streit ging. Sie wollte sich einfach nur durchsetzen. So auch bei diesem Heft. Es stand kein Name auf dem Deckblatt und Tatjana behauptete steif und fest, es gehöre ihr. Sie habe es vor Schulbeginn gekauft. Ihre Banknachbarin bestritt das: Es ist mein Heft! Zuletzt standen die beiden voreinander, jeder hatte das Heft mit beiden Händen ergriffen, beide zerrten und zogen, dann fiel ein Stuhl um. Als der Klassenlehrer hinzu kam, konnte er gerade noch eine Prügelei verhindern, er trennte beide. So standen sie voreinander, zwischen ihnen auf dem Tisch lag das Schreibheft. Wem gehörte es denn nun?

Der kluge Lehrer wusste Rat. Sein Rat war ein einfacher, trotzdem wären die allermeisten Pädagogen nicht darauf verfallen. Er versuchte erst gar nicht, die überflüssige Besitzfrage zu klären. Er hatte schon verstanden, dass es darauf gar nicht ankam. Der Streit war nur ein Symptom, eine Folge. Es war viel sinnvoller, nach den Ursachen zu forschen.

Die Antwort findet sich – zumindest in den über sehr lange Zeit eng zusammengefügten Gemeinschaften einer Schulklasse – fast immer im Verhältnis des Einzelnen zur Gemeinschaft. Ist dieses Verhältnis gestört, wird die Störung in unterschiedlicher Weise geäußert. Es ist wenig sinnvoll, jeder einzelnen Äußerung des Grundkonflikt, jedem kleinem Streit nachzugehen – viele Pädagogen tun eben dies, sie verfolgen jeden Streit und versuchen ihn mit allgemeinen moralischen Bewertungen wieder in Ordnung zu bringen – bis der nächste Streit losbricht. Es ist sinnvoller, die »Grundstimmung«, also die gestörte oder instabile Balance zwischen einem Schüler und der Gesamtheit der Klasse herauszuarbeiten. In diesem Fall war es nicht so schwierig!

Alle Kinder, vermutlich selbst die, die gar nichts gesehen hatten, wussten ganz genau, wie der Konflikt verlaufen war. Tatjana hatte das Heft geklaut, das war doch ganz klar. Ihr gehörte es ganz bestimmt nicht. Davon waren alle felsenfest überzeugt.

Dies fiel als erstes auf. Tatjana war in ihren Augen bereits »abgeschrieben«, sie war die Übeltäterin per se. Jede Interpretation des Konflikts, die nicht auf die Tatsache Rücksicht nahm, dass Tatjana offensichtlich seit längerer Zeit aus der Klassengemeinschaft herausgefallen war, hätte nur in die Irre führen können. Deswegen konzentrierte sich der kluge Mann ganz auf diesen einen Punkt. Was macht das Mädchen zur Außenseiterin?

Damit war die Fragestellung ein wenig aus dem unfruchtbaren moralischen Bewertungsurteil herausgerückt. Die Eltern und der Klassenlehrer setzten sich zusammen, sie vergeudeten mit diesem einen konkreten Vorfall um ein Schreibheft erst gar keine Zeit, sondern wandten sich sogleich der Frage zu, warum Tatjana sich in der Klassengemeinschaft nicht zu Hause fühlte.

Ist die Frage erst einmal in dieser Weise gestellt, finden sich Motive und Begründungen in aller Regel leicht. Es sind meist nicht ein Motiv und eine Begründung, es sind immer *Motivbündel*. Immer schichten sich die Ursachen, die Folgen und die erneuten Ursachen über- und ineinander.

Dann ist es am sinnvollsten, einfach einen »Schnitt« in diese Verkettung von Ereignissen zu ziehen und von einem Ausgangspunkt oder Anfangspunkt her zu intervenieren. Auch wenn dieser Ausgangspunkt der elterlichen oder pädagogischen Intervention ein wenig willkürlich erscheinen mag. Erst einmal die Dynamik, die Logik der Entwicklung unterbrechen, danach kann man viel besser verstehen, wie das alles begonnen hat.

So war es auch in diesem Fall.

Angefangen hatte es schon relativ bald, nachdem Tatjana – nach einem Umzug der Eltern – in diese Klasse gekommen war. Das war vor zwei Jahren gewesen. Sie schien sich zunächst gut zurecht zu finden, sie klagte auch nie. Den Eltern, die berufstätig waren, fiel nicht auf, dass Tatjana wenige Freundinnen hatte. Um genau zu sein, die Zahl ihrer Freundinnen wurde im Verlauf dieser beiden Jahre nicht mehr, sondern immer weniger. Anfangs schien Tatjana durchaus in die Klasse integriert, ja, als Abwechslung hoch willkommen. Danach flaute das Interesse ab.

Offenkundig hatte das Mädchen durch irgendwelche Verhaltensweisen oder eine Folge von Verhaltensweisen die Sympathie ihrer Mitschüler eingebüßt.

Und wie kommt man solchen Verhaltensweisen – die ja nicht bewusst sind, nicht absichtlich begangen werden – auf die Spur?

Drei wichtige Fragen an Tatjana

Dazu schlug der Lehrer den Eltern die simple Lösung vor, von der ich eingangs gesprochen habe. Sie entstammt der Verhaltenstherapie. Er schlug vor, dass Tatjana nach jedem Konflikt drei Fragen schriftlich beantwortet und sie anschließend mit ihren Eltern durchspricht. Sie lauten:

a) Was ist konkret passiert?
b) Wie habe ich mich gefühlt?
c) Welche Folgen wird dieser Vorfall haben?

Wie so manches wirkungsvolle Mittel aus dem Areal der Lernpsychologie wirkt auch dieses auf den ersten Blick recht dürftig. Die Eltern ließen sich gleichwohl überzeugen.

Allerdings reagierte ihre 11-jährige Tochter so, wie der Vater insgeheim selber reagiert hatte: mit Unverständnis, dann mit Ungläubigkeit.

»Was soll denn der Unsinn?«, hatte Tatjanas Vater insgeheim gedacht. Seine Tochter äußerte es ganz ähnlich.

»Was soll ich denn damit?« fragte sie unwirsch.

Aber die Eltern befanden sich inzwischen in einem Zustand, der von Verantwortungsgefühl und Liebe zu dem Kind und gleichermaßen von Hilflosigkeit gekennzeichnet war. In solchen Zuständen greift man nach jedem Strohhalm, der daher geschwommen kommt. Dies war so einer.

Der Vater beharrte freundlich auf dem vom Lehrer vorgeschlagenen Vorhaben und ließ seine Zweifel nicht erkennen.

»Pass auf«, erklärte er, »wir machen jetzt alles ganz anders.« Das waren geschickte Worte.

Denn dass »alles ganz anders« wird, ist für neugierige – also alle – Kinder verführerisch. Für solche Kinder, die gerade in einer Sackgasse stecken, klingt es geradezu wie eine Verheißung.

Auch für Tatjana. Sie horchte auf.

»Also«, fragte sie, »was soll ich denn nun machen?«

»Du«, erwiderte der Vater, »wirst dich mittags mit mir oder deiner Mama zusammensetzen, wir werden gemeinsam überlegen, ob es im Verlauf des Unterrichts einen Konflikt gegeben hat, und sei es ein winzig kleiner. Und dann führen wir unsere kleine Untersuchung durch. Du siehst es ja hier …«.

Und er zeigte noch einmal auf die drei Punkte.

Tatjana war wie alle Kinder leicht zu begeistern. Ihre Begeisterung hatte einen zusätzlichen Grund, der ihr selber und vermutlich ihren Eltern gar nicht bewusst war. Sie hatten mit ihrem Fragebogen einen Rahmen geschaffen, in dem sich die Eltern bewusst und aufmerksam dem Kind zuwenden würden. Dieser Rahmen war stabil, er sollte für jeden Tag gelten. Er war so etwas wie ein Fokus der Aufmerksamkeit, den sie beide, Tatjana und ihre Eltern, auf ihr Problem richteten. Das war wohl auch der Grund, warum Tatjanas ihre Ablehnung schließlich aufgab. Mit Papa und Mama ganz ruhig – eben in dem geordneten Rahmen der lernpsychologischen Übung – zusammenzusitzen und nachzudenken, nicht mehr allein kopfüber im Konflikt zu stecken, das war ein Versprechen. Tatjana nahm es an.

Tatjana hält sich fest

Der nächste Konflikt stellte sich schnell ein. Er ähnelte dem ersten auffallend. Wieder ging es darum, dass ein Bleistift, der über den Fußboden kullerte, von zwei Kindern in Anspruch genommen wurde. »Das ist meiner«. »Nein meiner!« Tatjana war natürlich wieder beteiligt. Es wurde überhaupt deutlich, dass sie immer in Konflikte, in denen Besitz und »Haben« eine Rolle spielten, verstrickt war. Immer zeigen sich bestimmte Strukturen, Wiederholungen, zumindest Ähnlichkeiten im Konfliktverlauf. Das ist die erste und oft schon die wichtigste Erkenntnis dieser Übung.

Als zweites zeigt sich, dass das betroffene Kind während der Konfliktverläufe immer sehr ähnlich reagiert. Auf jedes Versagen mit immer derselben Kränkung, auf jede Zurückstellung mit immer demselben Trotz usw.

Daraus wiederum ergibt sich – wen sollte es wundern –, dass sich ein Kind unter dem Punkt c) regelmäßig eine negative Prognose stellt. Was wird sich daraus entwickeln? Na, was schon, alle sind gegen mich, daran ändert sich nie etwas. Alle wollen mir etwas wegnehmen, ich werde wahrscheinlich immer allein stehen ... Mit der verdunkelten Selbsteinschätzung im Kopf stolpert es dann in den nächsten Konflikt hinein.

Was war nun mit dem Bleistift, der bedeutungslos über den Fußboden kullerte? Tatjana hatte sich unwillkürlich gebückt und ihn aufgenommen. Dann hielt sie ihn in ihren Händen. Es war kein wertvoller Bleistift, nicht einmal ein ansehnlicher.

Aber als ein Kind aus der Reihe vor ihr sich umdrehte und rief: »Das ist meiner ...«. hielt Tatjana den Bleistift fest, sie klammerte sich geradezu an ihn und wollte ihn nicht wieder loslassen.

So stellte sie mittags im Gespräch mit den Eltern nach einigen Nachfragen den Beginn dieses neuen Konfliktes dar. Damit waren die Punkte a) und b) beantwortet.

Tatjana schrieb es auf: a) der Bleistift, der über den Fußboden kullert, sie greift nach ihm, sie hält ihn fest ...; b) »ich lasse ihn nicht wieder los ...«

Von dieser Auskunft b) schauten Papa und Tatjana noch einmal zurück auf das a). Alle Kinder hatten wieder bestätigt, der Bleistift gehört dir nicht, gib ihn her, so war es gewesen. Dann schauten sie beide von a) wieder zurück auf b): Tatjana klammert sich an den Bleistift …

Und c), was war mit dem dritten Punkt? Ach, das war doch ganz klar: So würde es immer wieder sein, immer wieder würden sich alle gegen sie stellen, immer wieder würde Tatjana ganz allein herumsitzen. »Und dich an ein Schreibheft oder einen Bleistift klammern …?« fragte der Vater. »Weiß nicht«, sagte Tatjana, »so ein blöder Bleistift, die sollen sich nicht so anstellen …«

Jetzt hatte sie es ausgesprochen, jetzt war es also Teil ihrer Selbstdeutung, ihrer Beschreibung ihres Konfliktes geworden: es geht nicht um den blöden Bleistift und auch nicht um das Schreibheft, es geht aber auch nicht um das Haben-Wollen, Besitzgier und Neid (das wären hier nur moralisierende Scheinerklärungen gewesen) – es geht vielmehr um ihre Haltung als Reaktion auf eine »Verkettung« von Abläufen zwischen ihr und der Mehrheit der Klasse. Alle rufen: »Der gehört dir nicht«, Tatjana »klammert«, sie zieht sich noch weiter von den anderen zurück und diese reagieren so, wie Kinder eben reagieren: Sie schreien laut durcheinander und zeigen mit dem Finger auf den Außenseiter.

Das war der Konflikt, so war er verlaufen und vor ihm waren viele andere genauso verlaufen. Eine Konflikt-Kette. Eine Summe von unglücklichen Misshelligkeiten, Winzigkeiten möglicherweise, Missverständnissen und Reaktionen darauf – sie hatten Tatjanas Integration in die Klasse behindert, ihre Position verschoben und sie schließlich ausgegrenzt. Es gab gar keinen sinnhaften Verlauf des Konfliktes, es gab ein Ineinanderwirken von Missstimmungen.

So wie die elterlichen Überlegungen an einem nahezu beliebigen, jedenfalls unsystematischen Ausgangspunkt angesetzt worden waren, so ging es jetzt darum, die Folge und Dynamik der Entwicklung umzukehren.

Dazu bedarf es keiner therapeutischen Ausbildung, sondern der Sorgfalt und der »Spürnase« der Eltern für ihr Kind. Dass das Kind sich klammert, weil es sich ausgesperrt fühlt, ist für jeden leicht nachzuvollziehen. Wenn die soziale Umgebung für einen Menschen unsicher wird, dann klammert er sich an das, was er gerade in den Händen hält. Er beharrt auf dem, was er gerade ist oder hat. Dies macht ja auch in der Therapie Erwachsener oft die Fortschritte so schwierig. Menschen in Not »halten sich« an das, was sie haben, und sei es noch so geringfügig. Es ist eine Art symbolisches Klammern, symbolisches Festhalten. Das Symbol – es kann ein kümmerlicher Bleistift sein – wirkt wie ein Signal des schwindenden Selbstbewusstseins. An anderer Stelle haben wir von dem Erinnerungsanker gesprochen, hier könnten wir von einem Selbst-Anker reden.

Eltern sollen ihr Kind nicht nur verstehen – Mitleid schadet jetzt nur! –, sondern es auf eine andere, eine alternative Verhaltensweise locken, und zwar solch eine Verhaltensweise, die diesem besonderen Kind angemessen ist, aber seine (wie auch immer schwachen oder vielleicht gar nicht einmal so schwachen) Kräfte umlenkt.

Eltern haben dazu die besten Voraussetzungen. Warum? Anders als selbst der gutwilligste und klügste Kinderpsychologe haben Eltern mehr als nur *ein* Bild von ihrem Kind im Kopf. So war es auch bei Tatjanas Eltern. Sie kannten nicht nur die überforderte, konfliktbehaftete Tatjana von heute. Sie erinnerten sich auf die lebhafteste Weise daran, wie die nicht eingeschüchterte und nicht verbissen gewordene Tatjana gewesen war. Sie erinnerten sich genau, wie sie als 2- oder 3-jährige gewesen war – ein sehr fröhliches, sehr neugieriges, Menschen zugewandtes Kind. Sie erinnerten sich an die 7- oder 8-jährige Tatjana, die immer besonders enge Freundschaften und verlässliche Bindungen gesucht und in ihrer alten vertrauten Umgebung auch gefunden hatte. Tatjanas seelische Potentiale kennt und fühlt keiner so genau wie ihre Eltern.

Mit dem Umzug war alles ins Rutschen gekommen. Als Tatjana aus diesen Vertrautheiten herausgerissen worden war und ihre Bindung verlor, wurde sie hilflos und begann zu »klammern«. Erst da begann sie zu »lügen«, die Wahrheit auf den Kopf zu stellen, wie es ihr zupass kam. Merken Sie, wie sehr uns eine moralische Betrachtungsweise in die Irre gelenkt hätte? Nein, Tatjana war kein »verlogenes« Kind, aber woher hätten Lehrer oder möglicherweise zu Rate gezogene Therapeuten das wissen sollen. Nur die Eltern wussten es! Es musste nun darum gehen, neue Stabilitäten herzustellen, gewissermaßen beruhigte Orte der inneren Bindung für Tatjana zu erarbeiten, von denen aus sie den Schritt auf die anderen Kinder der Klasse zu gehen wagte.

Konflikte erst unterbrechen, dann verstehen

Wir haben uns mit dieser kleinen Interpretation von dem ABC-Schema entfernt. Wir wollen es aber nicht ganz aus den Augen verlieren.

Was wir in unserem Fallbeispiel bereits aus einem einzigen Konfliktfall erschließen konnten, zeigt sich in der Regel erst nach einer Reihe vergleichbarer Situationen, vergleichbarer Gefühle und vergleichbarer Selbstprognosen. Es braucht meist viele A-B- und C-Analysen, bis das Regelhafte, das Zwangsläufige der Konflikte, der Gefühlsreaktionen und der Folgen sichtbar wird.

Ist es einmal erkannt, ergeben sich gezielte Interventionen recht zwanglos. Sie liegen sozusagen auf der Hand. Dagegen bleibt der Versuch, den einzelnen Konflikt zu verstehen, eine Art unsystematisches Stochern im Nebel (»Was sind die wirklichen Ursachen des Schülerverhaltens?«, da ist jeder Laienpsychologie Tür und Tor geöffnet) – und über moralische Bewertungen von Einzelverhalten haben wir hinreichend gesprochen!

Kurzum, das ABC-Schema lenkt mühelos die Aufmerksamkeit auf die Folge der Ereignisse – auf die »Verkettung«, in die ein Kind verstrickt ist –, es belehrt uns über die heimlichen Gefühle, die ein Kind dabei bewegen und die es veranlassen, eben diese Verkettungen mit seinen Gefühlsreaktionen immer wieder in Gang zu setzen. Es informiert uns gleichzeitig über das begleitende Selbstbild und die Ängste dieses Kindes.

Damit führt uns das Tatjana-Beispiel zurück zu der Grundthese dieses Buches: Nur Eltern können wirklich helfen. Denn jenen Ort der verlässlichen Bindung, den Tatjana offensichtlich benötigte, um sich dem Abenteuer»Integration in die Klasse« noch einmal zu stellen, konnten ihr nur die Eltern anbieten. Dieser Ort konnte nur ihre Familie sein. Nun mussten sich allerdings auch die Eltern fragen lassen, ob ihre Familie tatsächlich ein gesicherter Ort für Tatjana war, ein Ausgangspunkt, um Mut zu fassen. Oder war es vielleicht so, dass sie sich nach dem Misslingen der Einbindung in die Klassengemeinschaft zunächst in die Familie zurückziehen wollte, in ihr aber keine ausreichende Verlässlichkeiten, keine ausreichende Stützung, nicht genügend Sicherheit gefunden hatte, die sie so sehr benötigte? Es ist nicht leicht für Eltern, sich solche Fragen zu stellen und ehrlich zu beantworten.

Die Eltern helfen Tatjana weiter

Kinder in Not brauchen die Stabilität einer Familie, und was viel wertvoller und schwieriger ist: Sie müssen sie sozusagen jeden Tag und möglichst zu jeder Stunde fühlen können. Bei Tatjana war es nicht anders als bei vielen anderen Kindern auch – wenn sie von der Schule kam, fand sie zunächst einmal eine leere Wohnung vor. Die Arbeitszeit der Mutter endete gegen 15 Uhr, der Vater kam frühestens zum Abendessen. Ihr war also, als ihre Probleme in der neuen Klasse auftauchten, nicht nur in der Schule, sondern auch in der Familie»der Boden unter den Füßen weggezogen«. Da war kein Halt, kein ausreichender Halt. Und auf diesem Hintergrund erscheinen Tatjanas aktuelle Verhaltensweisen, so wie sie im ABC-Schema auftauchten, noch ein Stück plausibler. Sie brauchte einen *Halt*, sie suchte ihn, sie»klammerte«, sie hielt fest, was sie hatte, und sei es ein sinnloses Schreibheft.

Es ist leicht gesagt und schwer getan, dennoch führte kein Weg um die Einsicht herum, der sich Tatjanas Eltern dann auch stellten: *Wir müssen für unsere Tochter ein Halt sein, damit sie nicht mehr klammern muss.* Eine einfache Einsicht? Nein, bei weitem nicht. Nicht einfach zu verstehen und erst recht nicht ohne Mühe zu befolgen.

Ihr Papa richtete es so ein, das er immer mittags»zu Hause« war.

Wir dürfen in unseren psychologischen Überlegungen nicht blind sein gegenüber den beruflichen Zwängen, denen Menschen und insbesondere Männer unterliegen. Dies bedeutete für den Vater durchaus ein gewisses Risiko, möglicherweise einen Rückschritt in seiner Karriere. Er musste eine schwierige Entscheidung treffen und die Folgen in Kauf nehmen. Zuhause sein, in der Familie sein – das bedeutet in der Realität des modernen Wirtschaftslebens, dass er ein Stück weit »draußen« ist. Er übernahm trotzdem seinen Teil des Problems, das seine kleine Tochter allein nicht tragen konnte. Es war eine bewusste Entscheidung.

(Bekanntlich werden Entscheidungen dieser Art nach den Wertemaßstäben unserer Gesellschaft privat hoch geachtet und im beruflichen Alltag bestraft).

Aus der wieder gefundenen Stabilität des »primären Ortes«, der Bindungsfähigkeit und Selbstverständlichkeiten folgte eine zweite Aufgabe: Diesen für Tatjana verlässlichen Ort (an dem sie nicht klammern musste) wollten die Eltern nun für andere Kinder öffnen. Dies bedeutete, dass sie Tatjana ermutigten, das eine oder andere Mädchen zu sich nach Hause einzuladen. Da Tatjana inzwischen gelernt hatte, dass sie die Außenseiterin war, fiel ihr schon das Aussprechen einer Einladung schwer. Noch schwerer fiel es ihr, mit einem Kind über zwei Stunden lang am Nachmittag zu spielen. Da war die Anwesenheit und die Sensibilität der Mutter gefordert.

Anfangs gab es gar keine andere Möglichkeit, als dass »Mama« mit beiden Mädchen kreativ-lustvolle Spiele unternahm. In diesem Fall besann sich die Mutter auf so genannte »Wachsbilder«, die mit flüssigem Wachs auf ein Stück Pappe aufgetragen und mit einem Bügeleisen getrocknet und eingebrannt werden. Solche Wachsbilder haben fast immer eine verblüffende ästhetische Wirkung – sie sind schön! Sie machen Kinder stolz. Zwei stolze Kinder, das ist eine Verbindung der geglücktesten Art. Die Mutter wusste das, sie hoffte darauf, dass solche gelungenen Momente der unseligen »Verkettung« entgegen wirken würde. Genau dies war der Fall. Das eingeladene Mädchen schwärmte von den Wachsbildern. Das eröffnete Tatjana einen Weg zurück in die Gemeinschaft der Klasse.

Eine bald sich anschließende Geburtstagsparty, zu der dann schon vier oder fünf Mädchen erschienen, tat ein Übriges.

Tatjana schrieb ihre ABC-Liste noch drei- oder viermal, aber jedes Mal war der Konflikt geringfügiger, zum Schluss fiel ihr gar keiner mehr ein. Dass man unglücklich wird, wenn man klammert, und froh und zufrieden, wenn man teilt oder mit großzügiger Geste sagt:»Ist ja auch gar nicht so wichtig, hier hast du deinen Bleistift …«, hatte sie inzwischen verstanden. Zunächst nur gelegentlich, dann häufiger freute sie sich auf die eine oder andere Stunde, auf die eine oder andere Mitschülerin. Die Frage c), wie wird es weitergehen?, erschien immer häufiger in einem positiven Licht. Kurzum, keineswegs auf leichte, sondern für die Eltern mühselige und beschwerliche Weise gelang die Umkehrung. Sie gelang mit der notwendenden Hilfe, die ihren Ausgangspunkt in dem positiven Milieu eines verlässlichen Ortes, eben der Familie, nahm.

20. Kapitel

Elterntraining: Was Sie alles lernen müssen

Wir reden immer so, als sei uns alles klar. Wir sprechen beispielsweise von »Aufmerksamkeitsschwäche« oder »Konzentrationsstörung«, als wüssten wir ganz genau, was Aufmerksamkeit und Konzentration ist. Das ist aber nicht der Fall. So geht es keineswegs nur den Eltern, die psychologisch wenig informiert sind, bei den »Experten« sieht es nicht viel anders aus. Allein das Wort »Aufmerksamkeit« stellt die Fachleute, seitdem »Aufmerksamkeitsdefizite« oder ADS ein großes Thema geworden ist, vor gewaltige Probleme.

Was ist »Aufmerksamkeit«?

Es gibt zwei Möglichkeiten: Entweder Sie lesen ein umfängliches Buch von mindestens 800 bis 1000 Seiten, um zu einer leidlich umfassenden Sicht der verschiedenen Darstellungsweisen verschiedener Schulen zum Thema Aufmerksamkeit zu gelangen, oder Sie gehen einfach von Ihrem Alltagsverständnis aus.

Die erste Möglichkeit haben die meisten Eltern nicht. Aber die universitären Diskussionen um ähnlich ungeklärte Themen wie beispielsweise Gewalttätigkeit bei Kindern oder Wirkungen von Videospielen machen uns darauf aufmerksam, dass man zwar fünf oder sechs Bücher und beliebig viele mehr lesen, mehrere Forschungsinstitute beschäftigen und Untersuchungen in Gang setzen kann und schließlich bei demselben Ergebnis landet wie unbedarftere Laien auch:»Nichts Genaues wissen wir nicht.«

Wir sollten gleichwohl mit dem Wort»Aufmerksamkeit« behutsam umgehen. Aufmerksamkeit ist in unserem alltäglichen Verständnis nämlich ein sehr verengter Begriff. Aufmerksam ist man ja nicht»an sich«, sondern nur im Zusammenhang mit einer Sache oder einem Menschen. Fasziniert mich eine Sache, dann wende ich mich ihr aufmerksam zu. Langweilt sie mich, erlischt die Aufmerksamkeit.

So besehen besteht das Problem der unaufmerksamen Kinder nicht darin, dass sie sich»nicht konzentrieren« können, sondern darin, dass sie für die allermeisten Dinge des Lebens und für fast alle Stoffe des Unterrichts kein rechtes Interesse aufzubringen vermögen. Die Frage lautet also nicht: Warum sind unsere Kinder nicht aufmerksam?, sie lautet vielmehr: Warum sind sie an so wenigen Dingen und Themen wirklich interessiert? Und danach lautet die weiterführende Frage: Was findet trotzdem ihr Interesse und aus welchen Gründen?

Dies ist ganz offensichtlich – um zunächst mit einer Teilantwort zu beginnen – auch eine Frage an den Schulunterricht selber, der sich von Leben der Kinder so weit entfernt hat, dass er ihnen grau und monoton vorkommt. Auf diesen Punkt bin ich bereits mehrmals eingegangen. Wir dürfen uns aber mit einer pauschalen Schulkritik nicht zufrieden geben.

Auch für viele andere Bereiche des täglichen Lebens bringen viele Kinder heute weder Verständnis noch Interesse auf. Sie übersehen vieles, was nicht gerade im Fokus ihrer Aufmerksamkeit liegt, sie vergessen alles und jedes und trampeln oft ungerührt an wichtigen Dingen des Alltags und des Zusammenlebens vorbei. Sie wirken in ihrem Desinteresse oft fahrig, ruhelos, als seien sie ständig auf der

Suche, und vielleicht sind sie das ja auch. Auf der anderen Seite können sie sich auf das winzige Monitorbild ihres Gameboys gut und gern zwei Stunden vollständig konzentrieren und sind währenddessen kaum ansprechbar.

Kein Zweifel, das Interesse und die Motive für Aufmerksamkeit haben sich in der modernen Kindheit offenkundig verschoben. Und wir tun immer so, als sei uns alles ganz klar ...

Konzentration? Kein Problem – manchmal ...

Moderne Kinder, schrieb ich eben, verhalten sich oft unaufmerksam, sind aber sehr wohl in der Lage, ihr Interesse stundenlang auf dieses oder jenes zu konzentrieren. Aus diesem Grund sind die in vielen Familien- und Erziehungsberatungen oder sogar in kinderpsychologischen Praxen betriebenen Konzentrationsübungen für solche Kinder der pure Unfug. Sie können sich ja konzentrieren! Nur eben ausschließlich auf bestimmte, begrenzte – wie es scheint: auf egozentrische Weise begrenzte – Wirklichkeitsanteile. Alles andere versinkt in einem seltsamen Halbdämmer und will ihre Gedanken und Sinne partout nicht erreichen.

Ich vermute, und meine tägliche Praxiserfahrung bestätigt mich darin, dass ihre vermeintlichen Aufmerksamkeitsschwächen eher Ordnungs- und Orientierungsdefizite sind. Wir bewegen uns alle fortlaufend in irgendwelchen »Ordnungen«. Ordnung gibt es im Eiscafé ebenso wie im Straßenverkehr und in der Anordnung von Treppenstufen. Richtiges Benehmen, Rücksichtnahme, Achtsamkeit ist ein Teil solcher Ordnungen auf der Ebene des persönlichen Verhaltens. In ganz anderer Weise sind Schrift und Zahl komplexe »Ordnungen«, Ordnungen des Wahrnehmens und Verstehens beziehungsweise der Darstellung. Die eine wie die andere Ordnung zu befolgen fällt unseren Kindern schwer.

Es drängt sich der Eindruck auf, dass eine immer größer werdende Gruppe von Menschen schlicht unfähig ist, solche Ordnungen zu begreifen. Sie befolgen diese kurzfristig, wenn sie angeordnet und kontrolliert werden. Entfällt die Kontrolle, zerfällt auch das

»ordentliche Verhalten«. Die Ordnung von Dingen oder Themen, die sich nicht mit persönlichem Interesse oder individueller Befriedigung deckt, prägt sich ihnen nur schwer ein. Sie wird gewissermaßen nicht »verinnerlicht«, sie bildet keinen selbstverständlichen Teil des persönlichen Ichs mehr. Eben dies war in vorausgegangenen Generationen anders.

Was ich nicht intuitiv – wie selbstverständlich – verstehe, das kostet Anstrengung. Ordnung, so meine Beobachtung, fordert modernen Kindern oft ein *Übermaß* an Anstrengung und Mühe ab. Sie entziehen sich, so weit es ihnen möglich ist oder erlaubt wird.

Auf der anderen Seite suchen sie nach Verlässlichkeiten, nach Orientierungen, die ihnen in ihrer irritierbaren Egozentrik Halt geben. Weil sie so wenig Ordnung verinnerlicht haben, bleiben alle Orientierungen äußerlich. Das macht sie verführbar. Es ist ja schon oft genug angemerkt worden – und wissenschaftlich empirisch belegt –, dass unsere Kinder einen Hang zum Opportunen haben. Sie orientieren sich an dem, was alle tun. Ihr eigenartiges Bedürfnis, sich mit Markennamen zu dekorieren, ist ein auffälliger Beleg dafür. Ein Logo, quer über die Brust gesteppt, sagt ihnen, wohin sie gehören. Die Bezeichnung »Ordnungsschwäche« benennt, nach meiner Beobachtung, die Befindlichkeit moderner Kinder besser als »Aufmerksamkeitsschwäche«. Wir kommen gleich darauf zurück.

»Nun pass aber mal auf!«

Nun sagte ich eingangs, dass das Wort »Aufmerksamkeit« im täglichen Sprachgebrauch seltsam eingeengt verwendet wird. Bei dem in Umlauf gekommenen Wort »Aufmerksamkeitsdefizit« wird es besonders deutlich: das Wort verweist auf eine vorrangige disziplinarische Bedeutung (»Nun pass endlich mal auf, konzentrier dich mal«, oder: »der Schüler XY ist unaufmerksam«). Offenkundig haben wir die Bedeutung, die Aufmerksamkeit im Schulunterricht hat, in unsere Alltagssprache einfach übernommen. Nur in der Schule und nirgends sonst wird »Aufmerksamkeit« an sich gefordert – nun, vielleicht dann noch, wenn der »Chef« redet, wenn ein Vorgesetzter Verfügungen verkündet, kurz, überall dort, wo hierarchische, autoritative Strukturen eine Rolle spielen. »Aufmerksamkeitsdefizit« klingt also nicht zufällig nach »Anpassungsproblem«, Ungehorsam.

So wird aus einem eigentlich recht komplexen und lebendigen Vorgang (»ich merke etwas, ich bin aufmerksam«) ein simples Gehorsams- und Anpassungsproblem. Aufmerksam ist ein Kind demnach dann, wenn es still auf seinem Stuhl sitzt, sich über ein Buch beugt und weder nach rechts noch nach links schaut und sich nicht ablenken lässt. Aufmerksamkeit verwandelt sich unter der Hand von einer *bestimmten* Verhaltensweise diesem oder jenem Gegenstand gegenüber in eine *allgemeine* Tugend.

So wird in der schulischen Diskussion rund um Aufmerksamkeitsschwächen verfahren, und in den Beratungsstellen und kinderpsychologischen Therapien ebenso. »Das Kind muss Aufmerksamkeit lernen!« Basta. Es ist keine Frage, dass unsere Erfolgsaussichten kläglich sind, solange wir auf dieser äußerst verengten Betrachtungsweise beharren.

Und was ist das nun – Aufmerksamkeit?

Aufmerksamkeit ist die schwierige Bündelung meiner gesamten seelischen und intellektuellen Kräfte auf einen Punkt, während gleichzeitig die anderen, mich umgebenden und meine Aufgabe ergänzenden Dinge in meinem Kopf, in meinem Gedächtnis und in meiner Wahrnehmung *auch vorhanden sind,* aber zurückgestuft werden. Mit anderen Worten, Aufmerksamkeit besteht keineswegs nur darin, dass ich »mich nicht ablenken lasse«. Aufmerksamkeit heißt nicht, mein ganzes Schauen und Lenken auf einen Punkt zu fixieren. Aufmerksamkeit gelingt auf diese Weise gar nicht.

Sie besteht vielmehr darin, die ganze Komplexität von Wahrnehmung, gleichzeitigen Erinnerungen und gleichzeitigen Gefühlen so zu organisieren, dass zwar eine einzige Aufgabe, eine Geschichte, eine Seite, ein Bild im Mittelpunkt steht, dass ich aber gleichzeitig um dieses Bild herum meine Erinnerungen, mein Selbstgefühl, mein Gedächtnis usw. ständig präsent halte und darüber hinaus auch noch die Wahrnehmung meiner direkten Umgebung filtere – beispielsweise durchaus in der Lage bin, die Erfüllung meiner Aufgabe zu beschleunigen, weil »Franz in 20 Minuten kommt«, oder mich an die Ermahnung der Mutter von einer Stunde zuvor zu erinnern und das eine wie das andere als Motivierung in den Fokus der Aufmerksamkeit einfließen zu lassen. Komplizierter Satz, komplizierter Vorgang!

Eine Aufmerksamkeitsschwäche (ADS) besteht nicht allein darin, dass ein Kind sich leicht ablenken lässt. Zum »ADS« gehört ebenso, wir haben es vorhin angesprochen, dass ein Kind sich »übermäßig« konzentriert und dabei seine Lernfähigkeit oder -leistung ebenfalls vermindert. Im Expertenjargon spricht man von »Überfokussierung«, womit wir auch für diesen Vorgang ein einschüchterndes Fachwort gefunden haben.

Beides – Überaktivität oder Überkonzentration – hat zur Ursache, dass die skizzierte *Gliederung und Filterung der Vorgänge auf der Grundlage einer verlässlichen und dabei lebendigen (flexiblen) Wahrnehmungsordnung nicht ausreichend gelingt.*

Eben diese elementare Wahrnehmungsordnung scheint den Kindern abhanden gekommen bzw. nie von ihnen erworben worden zu sein. Die Anforderungen beim Erlernen der Kulturtechniken bringen spätestens in der Schule diesen »Ordnungsmangel« zum Vorschein. Besonders der Erwerb der alphabetischen Ordnung – in der Gliederung und Gestaltung in verdichteter Weise eine Rolle spielen – stellt an die Kinder Anforderungen, denen sie in großer Zahl nicht gewachsen sind. Aus der Summe ihrer Unsicherheiten und Unfähigkeiten erwächst schließlich ein schier unauflösliches Knäuel von Verhaltensproblemen, mal Angst, mal Hochmut (»das schaff ich mit Links«), mal Vermeidung (»mach ich nachher!«), mal Aggressivität oder Trotz – und in vielen Fällen Unruhe, Übernervosität oder eine sehr diffuse ziellose Verträumtheit. Oft ist es so, dass eines mit dem anderen wechselt, von einer Stunde zur nächsten.

Aufmerksamkeit gelingt nur, wenn ich alle aktuellen und alle gespeicherten, im Kurzzeit- und im Langzeitgedächtnis verankerten Kenntnisse und Gefühle, aktuell jeweils anders »geschichtet«, parat habe und wenn ich zugleich meine Umgebung zwar aufnehme, aber gewissermaßen an den Rand der Wahrnehmung verschiebe – dann erst konzentriere ich mich in der notwendigen Art und Weise. Schule unterläuft solche emotionalen und kognitiven Leistungen oft durch mangelnde Attraktivität der Lerngegenstände. Und die kinderpsychologischen Therapien – zumindest diejenigen, die zur Zeit auf der Basis der Lernpsychologie vorherrschend sind – erreichen die Komplexität, die hier notwendig wäre, mit ihren simplen Übungen der »Zielfixierung« und des »schrittweisen Vorgehens« nicht annähernd. Sie sind wie die Schule blind gegenüber dem Zusammenhang, der zwischen Aufmerksamkeit und einem Gegenstand je aktuell erzeugt oder verfehlt wird. (Nur so kann man ja auf die Idee verfallen, »Konzentration an sich« üben zu wollen).

Kinder wollen Ordnung – besonders die unkonzentrierten

Kinder mit Aufmerksamkeitsschwächen können keine Ordnungen einhalten. Dies ist – mehr als die Ablenkbarkeit – ihr Unglück! Entweder sie versinken buchstäblich in einer einzigen Aufgabe und vergessen dabei alles um sich herum, sind oft auch nicht ansprechbar, oder es gelingt ihnen eben nicht, sich gegen irgendwelche Eindrücke und Einflüsse um sie herum abzugrenzen, sie schauen irritiert hierhin und dorthin und finden sich in einer Aufgabe erst gar nicht zurecht, bleiben schließlich hilflos und schauen fragend in die Runde: »Was ist denn das für eine Aufgabe, das habe ich noch nie gesehen! Diese Aufgabe kann ich nicht.«

Wir sollten also von mangelnder Organisation der Aufmerksamkeit reden statt von Aufmerksamkeitsschwäche. *Sie ist nicht geschwächt, sie ist unzureichend geordnet.* Das ist das Problem. Eltern können es jeden Tag beobachten: Ihr Kind ist urplötzlich nicht in der Lage, eine Aufgabe anzugehen, ja, sie überhaupt zu begreifen, obwohl es dieselbe Aufgabe am Tag zuvor mühelos lösen konnte. Bei den legasthenischen Störungen ist es ähnlich; an manchen Tagen lesen die kleinen Legastheniker fließend, als hätten sie nie Probleme mit Buchstaben, Wörtern und Sätzen gehabt, und einen Tag oder auch nur wenige Stunden später stocken und blocken sie ihren Lesefluss, dass manch verzweifelter Vater denkt:»Lesen lernt dieses Kind nie.«

Also, wir brauchen zwar, wie ich eingangs sagte, keine umfänglichen Untersuchungen zum Thema Aufmerksamkeit, selbst Definitionen führen leicht in die Irre. Wir brauchen aber ein gewisses Grundverständnis für das, was Aufmerksamkeit ist. Deshalb diese theoretische Einleitung zu den folgenden praktischen Überlegungen. Die Überdisziplinierung des Schulunterrichts hat sich in den Köpfen vieler Eltern und vieler Pädagogen so festgesetzt, dass sie eben unter Aufmerksamkeit oder Konzentration nur noch bestimmte formal disziplinarische, sehr äußerliche Verhaltensweisen verstehen, und nicht mehr den Komplex des tatsächlichen geistigen Vorgangs.

»Es reicht, wenn du der Letzte bist!«

Aufmerksamkeit ist natürlich das Gegenteil von Schnelligkeit. Dies muss man Kindern deswegen immer wieder vor Augen halten, weil sie in allem und jedem»die Schnellsten« sein wollen:»Ich bin die Erste«, jubelt meine kleine Tochter und rennt zur Haustür, um als Erste gegen sie zu pochen. Da können Sie hundertmal»na und?« oder»Erster sein bedeutet gar nichts« oder sonst einen vernünftigen Elternsatz äußern, das Kind rast trotzdem wieder los. Der Erste sein, der Schnellste sein, das ist ein ursprüngliches kindliches Motiv. Kinder vergleichen sich halt gern, sie brauchen die Vergleiche, um zu einer beständigen»Selbstwahrnehmung« zu kommen. Insofern scheint übrigens der Vergleich über Noten in der Grundschule zunächst ganz kindgemäß, Kinder nehmen Noten auch intensiv auf, saugen sie geradezu auf. Das Problem für die kleinen Schüler besteht nun darin, dass eben wegen solcher Vergleichsintensitäten die Benotung ein übermäßiges Gewicht bekommt. Man

kann es Kindern auch gar nicht ausreden. Gerade die Vergleichs-
wünsche und die daraus folgende Bedeutung für die Selbsteinord-
nung machen Noten für die kleinen Schulanfänger so riskant. Sie
werden aus kindlichen Motiven heraus bereits überbewertet, viele
Eltern tun ein Übriges und messen die Schulleistung und überhaupt
die geistige Leistung ihres Kindes ausschließlich an der Benotung.
Und sehr viele Lehrer, wie wir wissen, tun es auch. Aus diesem
Grund, wegen diesen Übertreibungen, werden Noten so oft zu
Kindernöten!

Also, wir werden beim Lernen mit unseren Kindern darauf achten
müssen, dass sie keineswegs »ganz schnell« sein sollen. Das ist ein
ganz wichtiger Punkt, weil er Kinder immer wieder von Aufgaben
weglenkt.

»Gleich bin ich fertig, ich bin heute schnell, nicht?« strahlt der
kleine Schüler Sie an. Sie müssen nun freundlich und ohne ihn zu
entmutigen auf die Aufgabe zurücklenken. »Nein, du musst gar
nicht schnell sein, Schnelligkeit ist nicht so wichtig.«

Die kleine Enttäuschung, die sich dann im Gesicht eines Kindes
zeigt, sollten Sie aber auch nicht übergehen. Streichen Sie ihm kurz
über den Kopf, lächeln Sie ihn an, wie wir es in anderen Kapiteln
beschrieben haben. Aber für sich selber sollten Sie festhalten, dass
die schnelle Erledigung einer Aufgabe weder für die Intelligenz eines
Kindes spricht noch für die Tatsache, dass es diese Aufgabe besonders gut beherrscht. Schnelligkeit ist möglicherweise ein Ausdruck
der kindlichen Unlust oder eben der kindlich-simplen Vorstellung
von Leistung, die um so tüchtiger erbracht ist, je schneller man sie
vorlegen kann.

Pass mal auf, ob du aufpasst!

Stattdessen rufen Sie beim Lernen mit dem Kind – und auch in
anderen Lebenssituationen – immer wieder eine gewisse »Wachheit«, eine geistige »Präsenz« des Kindes auf. Das ist wieder so ein
merkwürdig schillerndes Wort. Je näher man hinguckt, desto merk-
würdiger guckt es zurück. Wachheit – was ist das denn nun wieder?

Ich versuche, es einmal kurz zu umschreiben: *Wachheit ist die Aufmerksamkeit, die man darauf richtet, ob man genügend aufmerksam gewesen ist.*

Wachheit ist eine Art »Meta-Aufmerksamkeit«. Ich halte meine Aufmerksamkeit »wach«, indem ich mich selber immer wieder frage: Habe ich alles bedacht? Habe ich alle Möglichkeiten in Betracht gezogen? Habe ich einen Lösungsweg gegenüber einem anderen vorgezogen, und wenn, war dies eine richtige oder eine unzureichende Entscheidung? Zur Wachheit gehören auch einfachere Fragen: Habe ich alles richtig geschrieben? Ist meine Schrift wenigstens einigermaßen leserlich ausgefallen usw.?

Wachheit ist also das, was ein Kind von der Aufmerksamkeit für die direkte Aufgabe übrig behält, um sich selber bei der Erfüllung von Aufgaben zu kontrollieren. Insofern speist sich die Wachheit noch mehr als die Aufmerksamkeit (die unmittelbar auf die Aufgabe gerichtet ist) aus den Vorstellungen von »richtigem Lernen«, das ein Kind gelernt hat, den emotionalen Bedürfnissen und seiner Fähigkeit, seine Emotionalität selber zu steuern. Wachheit ist der Begleiter und Schützer der Aufmerksamkeit.

Für Eltern ist nun folgendes wichtig: Wenn Sie mit Ihrem Kind Aufmerksamkeit trainieren, dann müssen Sie immer gleichzeitig »Wachheit« mit trainieren. Denn die pure Aufmerksamkeit ohne seinen »Begleiter Wachheit« ist oft sehr schutzlos. Sie ist jeder Ablenkung und jeder Irritation ausgeliefert. Wenn ein Kind bei einer Aufgabe über die eine oder andere Schwierigkeit stolpert und nicht sofort die Lösung parat hat, dann braucht es eben diese »Wachheit der Selbstbesinnung«, um trotzdem – nicht entmutigt – die Aufgabe fortzusetzen. Beide, Aufmerksamkeit und Wachheit, resultieren natürlich aus dem Ineinander von Emotion und Wissen, von denen wir in anderen Kapiteln gesprochen haben.

Beide speisen sich außerdem, aus der unmittelbaren aktuellen Situation. Insofern ist es für ein Kind eine optimale Voraussetzung des Lernens, wenn es einerseits einen Lernstoff vor sich hat, der mit seinem Leben, seiner Geschichte, seinen Emotionen zu tun hat, und wenn es andererseits darüber hinaus weiß, dass Mama, Papa oder eine fast ebenso wichtige »Bezugsperson« in der Nähe ist und immer wieder einmal für Minuten mit ihm gemeinsam am Lerntisch sitzt.

Ich bin da, ich kontrolliere dich

»Nähe und Kontrolle gleichzeitig«, das ist ein weiteres Schlüsselwort für die sinnvolle Hilfe für Kinder, die Schwierigkeiten mit der Aufmerksamkeit haben. Tatsächlich kommt es hochgradig darauf an, wie sehr es den Eltern gelingt, zwischen »mit dem Kind am Tisch sitzen« und »sich zurückziehen« eine Balance, eine sinnvolle Entsprechung herzustellen.

Ganz am Anfang ist es wohl unumgänglich, dass Mama oder Papa mit am Arbeitstisch sitzen. Erstens ist Papas oder Mamas Beispiel wichtig. Ihr Beispiel oder Ihr Vorbild zeigt: Wir fangen ganz entspannt an, denn der kräftigste Nervositäts- und Verspannungsmoment liegt natürlich am Beginn einer Arbeit, das wissen wir Erwachsenen auch. Kurz bevor wir eine mühselige Arbeit anfangen, finden wir hundert und mehr Gelegenheiten, um uns abzulenken. Hier sind noch Blumen zu gießen, dort noch eine längst vergessene Großtante anzurufen und dergleichen mehr. Hinterher stellen wir erschrocken fest, dass schon wieder eine Stunde vergangen ist und wir unsere Arbeit immer noch nicht angefangen haben. Wenn es uns dann der Einstieg nicht sofort gelingt, ist der ganze Nachmittag verdorben. Und genau das steht ja, wie Sie wissen, so oft am Ende der Bemühungen Ihres Kindes, mit dem Lernen überhaupt mal anzufangen: Die Hausaufgaben sind nicht erledigt, aber der Nachmittag und die ganze freie Zeit sind vergeudet! Alles scheitert an diesem spiralförmigen Nervositätspunkt, diesem Verdrückungs- und Vermeidungspunkt »kurz bevor wir anfangen«.

Deswegen müssen Papa oder Mama »da sein«. Sie sind, bitte, entspannt, Sie sind quietschvergnügt, Sie schauen, wie wir es besprochen haben, Ihr Kind ermutigend und liebevoll an. Sie schauen auch noch einmal auf die Uhr und machen folgendes deutlich: Du lernst jetzt eine Stunde, exakt eine Stunde und keine Sekunde länger! Also, wenn du dich jetzt konzentrierst, bist du in sechzig Minuten wirklich fertig und kannst spielen gehen!

Der übermächtige Berg der Schwierigkeiten und Aufgaben, der sich auf dem Kind auftürmt, wird damit auf ein erträgliches Maß abgetragen.

Das zweite ist eine Strukturierungshilfe, denn eine Stunde Lesen, Rechnen und Schreiben ist immer noch eine Menge Zeit und eine große Zumutung für ein Kind. Deswegen nehmen Sie ein Stück Papier und schreiben auf:

15 Minuten Rechtschreiben ... und in Stichworten die heutige Aufgabe.

15 Minuten Rechnen.

10 Minuten Lesen im Geschichtsbuch.

10 Minuten Lesen in Notizen und Nachschlagen über die Frage, wie Vulkane in Vorderäthiopien entstehen (unsere Schule kennt noch sehr viel entlegenere und sinnlosere Aufgaben).

Und das war's.

Stopp, sagt der aufmerksame Leser. Da fehlen doch 10 Minuten. 15 + 15 + 10 + 10 ergibt bekanntlich 50 und nicht 60. Nun ja, erstens ist Ihre Haltung als Eltern und Erzieher inzwischen so großzügig geworden, dass es Ihnen auf 10 Minuten nicht ankommt. Und zweitens haben Sie – wie alle Pädagogen, die zum Übereifer neigen – die Pause vergessen. Pausen sind aber ein ganz zentrales Element beim Lernen. Darüber gibt es eine ganze Reihe von Untersuchungen.

Sie sollten sich gemeinsam mit dem Kind mindestens zwei Pausen während dieser Stunde gönnen, denn zu jeder dieser Pausen hin erhöht sich die Aufmerksamkeit eines Kindes – und zwar verraten uns wissenschaftliche Untersuchungen, dass die Konzentration zum Ende eines Lernabschnittes, also vor Beginn einer Pause – um etwa 30 Prozent höher liegt als im Durchschnitt.

Dasselbe gilt, wenn Sie nach einer fünfminütigen Pause wieder anfangen, auch dann sind nach diesen exakten Messungen die Aufmerksamkeitswerte deutlich erhöht, wiederum um ca. ein Drittel. Unabhängig davon wissen wir alle aus unserer täglichen Erfahrung, dass wir uns die Dinge, die am Ende eines Vortrages, eines Filmes, eines Buches passieren, sehr viel genauer einprägen und dass wir uns an die Anfänge immer sehr gut erinnern. Kurzum, die Pausen strukturieren das Lernen zusätzlich. Sie geben die notwendige Zwischen-Erholung, die Ihr Kind braucht, und Sie setzen in den Lernprozess zwei bzw. vier Aufmerksamkeitspunkte (jeweils vor Beginn einer Pause und zum Wiederbeginn des Lernens), die sich auf besondere Weise im kindlichen Gedächtnis einprägen. Pausen müssen sein, auch dann, wenn die Lernzeit sehr bemessen ist – oder gerade dann.

Überhaupt gilt in der Erziehung ein allgemeiner Grundsatz: *Wenn man es besonders eilig hat, muss man sich Zeit lassen.*

Viele Regeln, nicht alle sind sinnvoll

Der »Lernplan« steht. Sie schlagen mit Ihrem Kind eine Aufgabe auf, sagen wir eine grammatische Übung über Kommasetzung. Ich darf noch einmal hinzufügen, dass mir und vielen Erziehungswissenschaftlern und Didaktikern, wie ich weiß, völlig schleierhaft ist, warum Kinder nicht die Kommata nach ihrem Sinngefühl verteilen können.

Jedes Kind gibt einem Satz eine besondere Sinngestalt, wenn es denn Sätze im Zusammenhang zu lesen oder gar zu schreiben in der Lage ist. Das Komma würde auf sehr glückliche Weise eben diese Sinngestalt mit kleinen, aber unübersehbaren Zeichen unterstützen. Die Aufhebung von Kommaregeln würde zu einer gewissen Individualisierung von Texten führen. Dies würde gerade die übernormierte Schreibweise im Deutschen ein wenig auflockern. Aber es ist nun einmal in der Schulpädagogik so wie überhaupt in den Ordnungsbehörden: Jede Regel, die man einmal aufgeschrieben hat, entwickelt ein zähes Eigenleben und ist kaum wieder aus der Welt zu schaffen.

Vielleicht könnte man sich auf einen moderaten Zwischenvorschlag, einen Kompromiss einigen, der so aussieht: Es gibt einige elementare Grundregeln, die auch jedem einleuchten

(Trennung von Haupt- und Nebensätzen), im übrigen ist die Kommasetzung frei gegeben. Aber davon ist im gegenwärtigen Unterricht nicht die Rede. Nach wie vor werden den Kindern kleinste Kommastrichlein, das an der falschen Stelle steht, angestrichen und jedes fehlende am Rand aufgeführt (leider häufig noch mit dick-roter Markierung). Wie auch immer, Sie lassen sich von solchen und vielen anderen Misshelligkeiten des bürokratisierten Unterrichts nicht einschüchtern, Sie zeigen weiterhin ein freundliches und zuversichtliches Gesicht, Sie können im Prinzip an manchen Sinnlosigkeiten des Lernstoffe ohnehin nichts ändern. Also besser, wir hadern nicht damit!

Das Kind lernt, Mama verlässt das Zimmer ...

Sie legen den Finger auf den Beginn der Aufgabe im aufgeschlagenen Buch, schauen Ihr Kind noch einmal an und vergewissern sich, dass es die Aufgabe verstanden hat. Sie überprüfen anhand einer ersten kleinen Übung, ob die Regelhaftigkeit der Anwendung, der Charakter der Aufgabe usw. tatsächlich vollständig klar geworden sind. Dann ziehen Sie sich langsam zurück, verlassen das Arbeitszimmer – lassen aber die Tür offen – und machen deutlich, dass Sie sich in der Nähe befinden und jeder Zeit gerufen werden können. Zum Ende des ersten Lernabschnitts, also nach ca. 10 Minuten, werden Sie zurückkommen und die fertigen Aufgaben kontrollieren.

Das »Gerufenwerden« kann sich zu einem eigenen Problem entwickeln. Manche Kinder nehmen auch diese Chance der Ablenkung munter wahr. Das heißt: alle zwei Minuten erschallt der laut klagende Ruf »Mama« quer durch die Wohnung. Mama flitzt herbei, das Kind macht ein verstörtes Gesicht, zappelt herum, weist wirr auf das Heft oder das Arbeitsbuch und sagt, restlos entnervt: »Das verstehe ich nicht.«

Hier ist *Aufmerksamkeit* geboten, und zwar seitens der Erwachsenen! Natürlich darf Ihr Kind um Hilfe nachsuchen, natürlich erklären Sie ihm noch einmal langsam und sorgfältig die Aufgabe. Sie legen während der Erklärung den Zeigefinger auf die Aufgabe, Sie schauen Ihr Kind an, bevor Sie sich wieder zurückziehen. Vergewissern Sie sich dieses Mal ganz detailliert, ob die Aufgabe verstanden ist.

Nun gibt es für weiteres »Mama«-Gerufe keinen Grund mehr. Machen Sie das Ihrem Kind entweder durch Ihre Gestik und, wenn dies nicht ausreichen sollte, mit Worten klar.

In aller Regel ist es nun so, dass Sie ungestört die eine oder andere kleinere Arbeit verrichten können, bevor Sie sich wieder in das Arbeitszimmer begeben. Sollte aber nach weiteren zwei Minuten erneut ein »Mama« zu hören sein, dann bleibt Ihnen gar nichts anderes übrig, als mit einem strengen Gesicht dem Kind zu Hilfe zu kommen (eine Hilfe, die es ganz sicher gar nicht braucht). Sie sind nun gezwungen, mit klaren Worten deutlich zu machen, dass Sie die Verzögerungsmanöver Ihres oder Ihrer Kleinen durchschaut haben und nicht dulden werden. Freundlich, aber bestimmt legen Sie ihm die Aufgabe hin und machen es darauf aufmerksam, dass die nun vertrödelten zehn Minuten am Ende der Stunde zusätzlich gearbeitet werden müssen.

Dies ist nichts anderes als eine Strafe, Ihr Kind weiß das auch, aber es ist immerhin eine überschaubare. Richten Sie sich jetzt schon innerlich darauf ein, dass Sie diese zusätzlichen zehn Minuten gemeinsam mit Ihrem Kind am Tisch werden hocken müssen! Denn ein als Strafe empfundenes Lernen ist nun tatsächlich restlos unerträglich, Ihr Kind wird keine Sekunde still und konzentriert am Tisch sitzen, wenn Sie nicht unmittelbar bei ihm bleiben.

Solche kleinen Auseinandersetzungen finden beim Lernen immer wieder statt – auch beim hoch effektiven Lernen –, sie sind gar nicht zu vermeiden.

Aber: Dieser kleine Konflikt wird sich zwei- oder dreimal einstellen, dann wird er allmählich der Vergangenheit angehören. Ein Kind, das sich an ein geordnetes Lernen gewöhnt hat, verfällt auf solche mühseligen Ablenkungen nicht, ganz einfach weil sie auch für ein Kind nervig und auf die Dauer langweilig sind.

Spiele mit Regeln

Aber die Gestaltung der Hausaufgaben ist ja nur ein Punkt im täglichen Miteinander. Ich habe die Hausaufgaben als Beispiel gewählt, um Ihnen das Maß an Kontrolle und »Sich-aus-der-Kontrolle-Zurückziehen« konkret darzustellen. Dieselbe Balance zwischen Kontrollieren und Nicht-Kontrollieren müssen Sie bei *allen* Aufgaben, die Sie dem Kind auftragen, durchhalten. Sie müssen sie sogar bei Spielen durchhalten.

Gesellschaftsspiele gemeinsam mit der ganzen Familie sind nämlich ein besonders intensives Trainingsfeld. Deswegen müssen sie nicht weniger Spaß machen! Sie machen geduldig am Anfang deutlich, wie die Regeln des Spiels lauten (Ihr Kind unterbricht Sie vielleicht: »Weiß ich ja, weiß ich ja!«), Sie erklären sie trotzdem noch einmal, noch einmal der freundliche *und* kontrollierende Blick und dann beginnen Sie das Spiel.

Diese »Vergegenwärtigung« von Regeln ist für die allermeisten Kinder heute notwendig. Sie befinden sich in einer Alltagswelt, die derart entregelt ist (bzw. so unendlich viele Regeln für so unendlich viele Anlässe hat), dass sie von keinem Kind auf vernünftige und geordnete Weise verstanden und befolgt werden können. Die aufmerksamkeitsschwachen Kinder haben überdies für alles Regelhafte ein sehr ungeübtes Gedächtnis. Sie vergessen Regeln gern, sie variieren sie jeweils zu ihrem Vorteil, sie schmeißen überhaupt alles durcheinander.

Die zu Beginn des Spiels noch einmal *betonte Regelhaftigkeit* hingegen wird von einem Kind nicht leichthin »umgeschmissen«. Da wird ein inneres Stopp, ein Verbots- oder Ordnungssignal aufgestellt. Solange Sie in der Nähe sind und mitspielen, wird dieses Stopp-Signal wirksam bleiben.

Der Müll und die »Reaktionsverzögerung«

Damit wenden wir uns den täglichen kleinen Aufgaben und Konflikten zu. Die Kinder haben heute ein tiefes Problem damit, ihre »Reaktion zu verzögern« (wie es im Fachjargon heißt). »Reaktionsverzögerung« kann und muss mit ihnen geübt werden, es gibt dafür jeden Tag zahllose Anlässe. Je weiter Sie diese kleinen Übungen in den Alltag einbauen, je weniger künstlich sie einem Kind erscheinen, um so hilfreicher und das Verhalten stabilisierender sind sie. Konkret ist gemeint, dass Sie immer einmal wieder den üblichen Lauf der Dinge kurz unterbrechen und sich mit Ihrem Kind eine kleine »Denkpause« gönnen, ein Einhalten und Atemschöpfen. Ein Beispiel: Der 12-jährige Sohn soll den Müll hinuntertragen. Die erste Reaktion sieht gewöhnlich so aus, dass er »gleich, gleich« antwortet und sich munter seinen Tätigkeiten wieder zuwendet. Es ist sehr wichtig, dass Sie sich jetzt nicht abspeisen oder vertrösten lassen, sondern darauf bestehen, dass *dieser Müll jetzt und sofort* runtergebracht wird, jetzt und nicht in zehn Minuten. Warum? Weil in zehn Minuten der Knabe den Müll längst vergessen hat, weil sie ihn ein zweites Mal auffordern müssten und die gleiche Reaktion erhielten – und weil Sie nach spätestens zwanzig oder dreißig Minuten anfingen zu schimpfen, höchstvermutlich mit dem Lieblingssatz aller verärgerten Eltern: »Ich habe es dir schon hundertmal gesagt ...« –, weil sich auf diese Weise aus einer einfachen Aufgabe ein Konflikt entwickelt, der vermeidbar ist.

Halten Sie einfach das richtige Maß von Nähe und Kontrolle ein. Das sieht so aus: Sie schauen Ihr Kind an, Sie berühren es kurz – das ist wichtig! –, und sagen: »*Der Müll! Jetzt gleich!*« Seufzend, aber gehorsam wird sich der 12-jährige aus unserem kleinen Beispiel ebenso wie Ihr Kind in die Küche bewegen und die gefüllte Mülltüte missmutig anschauen, sie dann aber nehmen und in die Mülltonne schaffen, wo sie hingehört. Aller Wahrscheinlichkeit nach hat er bereits auf der Treppe seine gute Laune wieder gefunden.

Aufgaben zu erledigen ist kein wirkliches Problem für Kinder, keine Belastung. Ein Schimpfdonnerwetter – »... hundertmal gesagt ...« – hingegen zermürbt und verstört das Vertrauen eines Kindes.

Ein Häkchen hier, eines dort – oder:
Eltern kontrollieren sich selber

Solche kleinen Übungen oder Verhaltensanleitungen – ich finde kaum ein ausreichend bescheidenes Wort für sie – machen das Leben in einer Familie erheblich einfacher. Zählen Sie einmal zusammen, wie oft Sie im Laufe einer Woche mit Ihrem Kind aneinander geraten, weil Ihre Aufforderung, mit einem »gleich, gleich« beantwortet wurde. Rechnen Sie außerdem zusammen, wie viel Zeit vertrödelt und wie viel Energie auf das zornige Ermahnen und Antreiben verwendet wird – allein in einer einzigen Woche!

Hält man sich die zusammengerechnete Zeitsumme bewusst vor Augen, erschrickt man zunächst. Höchste Zeit, etwas zu ändern!

Aber fangen Sie jetzt gleich damit an! Sie bereiten einen »Schimpfzettel« vor und notieren – ein Häkchen genügt – jedes Schimpfen pro Tag. Sie werden staunen, was Ihr Kind im Verlauf einer Woche alles zu hören bekommt! Und wenn Sie schon dabei sind, dann bereiten Sie gleich einen zweiten Merkzettel vor, auf dem Sie alle liebevollen Bemerkungen, auch jedes schlichtes Lob verzeichnen. Was meinen Sie, welche Liste fällt voraussichtlich länger aus?

Angesichts so vielen Unmuts möchte man meinen, dass das Ideal einer heilen und harmonischen Familie darüber vollends in sich zusammen stürzt. Dafür gibt es aber nicht den geringsten Anlass. Denn neben den vielen, vielen Ärgernissen und Schimpfereien Tag für Tag gibt es in fast allen Familien eine elementare Vertrauensbasis, sie ist von bewundernswerter Dauerhaftigkeit und Stabilität. Sie müsste nur etwas häufiger abgerufen werden. Dadurch wird das Zusammenleben erheblich verbessert, und zwar gerade dann, wenn durch Aufmerksamkeitsschwächen und schlechte Schulnoten die Belastungen für Eltern und Kind hoch sind.

Wie Sie beim »Müll wegtragen« verfahren, so verfahren Sie auch bei vielen anderen Dingen. Ein freundlicher Druck auf die Schulter, *ein kurzes Verharren direkt neben dem Kind*, ein liebevoller Blick (der fällt keinem Elternteil schwer!) und eine ebenso liebevolle, aber konzentrierte Geste: »Dort, diese Tüte, nicht irgendeine andere, nicht irgend*etwas anderes, das* ist jetzt deine Aufgabe«, die Wirkung bleibt nicht aus, Ihre ruhige Konsequenz und Entschlossenheit tut ein Übriges. Ihr Kind trabt vergnügt die Treppe hinunter und bringt den Müll weg. (Und Ihr Schimpf-Merkzettel wird von Woche zu Woche kürzer).

Vergnügt ist möglicherweise etwas übertrieben, aber achten Sie einmal darauf: Mag in den ersten Tagen Ihrer neu gefundenen sAutorität noch die eine oder andere Maulerei vorkommen, sobald sich die Gewohnheit der alltäglichen Hilfe eingestellt hat, schwindet auch der Missmut, erscheint wie weggewischt.

Ein bisschen Strenge, aber liebevoll!

Es geht immer wieder um einen vernünftigen, ausbalancierten Wechsel von Anleitung – Kontrolle – Nähe – Sichzurückziehen. Dieses Maß, scheint es, ist schwer zu finden.

Viele Eltern geben Anweisungen und bleiben *nicht* in der Nähe; Folge: die Anweisung wird nicht ausgeführt. Viele Eltern kontrollieren zwar, ob ihre Anweisungen befolgt wurden, aber bei der Erteilung achten sie nicht darauf, ob und wann das Kind mit der Erledigung der Aufgabe beginnt. Die Kontrolle kommt dann zu spät. Sie führt nur zu Streit. Oder anspruchsvoller formuliert: Der Zusammenhang von Anweisung und Kontrolle ist zerrissen, für ein Kind ist er nicht mehr einsichtig. Damit geht zuerst die Anordnung und hinterher auch das »Meckern« – und sei es noch so eindringlich – an seinen Ohren vorbei wie ein milder Sommerwind.

Und viele Eltern scheitern an einem Punkt, den ich als »Reaktionsverzögerung« oder »Reaktionsgeschwindigkeit« eines Kindes bezeichne. Kaum ist die eine oder andere Anweisung erteilt, kaum ist das eine oder andere Spiel begonnen, da stolpert die Aufmerksamkeit des Kindes bereits auf eine andere, hüpft von einem Interesse zum nächsten und kann bei keinem verharren, kann sich an nichts »binden«. Dies ist für ordnungsgewohnte Eltern eine Zumutung, sie sind beunruhigt. Es hilft jetzt gar nichts, ganz allgemein »Strenge« zu proklamieren oder ihrem Kind anzudrohen, dass

»andere Saiten aufgezogen« werden. Beim besten Willen kann kein Kind dieser Welt auf solche Allgemeinheiten hin sein Verhalten konkret ändern. Allenfalls ängstigt es sich. Angst aber mindert die Konzentration und Aufmerksamkeit, wie wir alle wissen, zusätzlich.

Nein: notwendig ist, im täglichen Einerlei kleine Verzögerungen, kleine Denkpausen einzulegen, oder fachlicher gesprochen: »Reaktionsverzögerungen« einzuüben. Der kleine Moment des Nachdenkens, bevor man die Mülltüten in die Hand nimmt und die Treppe runterträgt. Die kleine Vergegenwärtigung der Spielregeln, bevor man das aufregende Gesellschaftsspiel anfängt. Die kleine Ordnung und der Ordnungsplan, sie stehen am Anfang des Umlernens, des Einübens eines alternativen Verhaltens, und sie stehen auch am Ende. Es ist eine dauerhaft veränderte Kommunikation zwischen Eltern und Kind, die Sie gemeinsam im Alltag einüben. Nicht mit künstlichem Training, sondern in *jedem Moment des Miteinanders,* jetzt und jetzt und wieder jetzt!

Sicher bedeutet dies auch Selbstkontrolle, vielleicht eine weitgehende Veränderung des elterlichen Verhaltens. Achten Sie einmal darauf, wie unser Alltag voll gestopft ist mit Hasten und Stolpern und Rennen, wie oft beginnen wir drei Tätigkeiten gleichzeitig und bringen keine zu Ende und hasten nur im Kreis herum. Da bleibt uns nichts anderes, als das eigene Verhalten mit Denkpausen zu durchsetzen und zu ordnen und im altmodischen Sinn für unser Kind ein Vorbild zu werden. Erziehung nistet im Detail des Alltags, in den Falten der Stunden, die wir gemeinsam verbringen, dort liegt ihre unersetzliche Wirksamkeit.

Immer wieder im Hasten der vielen Tätigkeiten einhalten, immer wieder kurz Atem schöpfen, zu uns selber kommen, unsere Absichten prüfen und ihre Bedeutung, ihre Richtigkeit oder Falschheit kurz bewerten – das müssen wir gemeinsam mit dem Kind lernen, es lernt mit und durch uns.

Genau dies, die »kontrollierte Reaktionsverzögerung«, spielt in der Verhaltenstherapie für aufmerksamkeitsgestörte Kinder eine zentrale Rolle. Ich behaupte, sie kann nicht wirksam sein. Sie kann es deswegen nicht, weil sie aus dem Alltag herausgehoben ist. Sie kann es auch deshalb nicht, weil keine noch so geglückte Beziehung zwischen einem Kind und seinem Therapeuten die Tiefe der Bindung zu den Eltern ersetzt.

Diese Besonderheit der Eltern-Kind-Beziehung, auf die ich immer wieder zurückkomme, kann sich natürlich auch kontraproduktiv auswirken.

Wenn ein Kind in der Familie täglich zwölf oder vierzehn Stunden damit beschäftigt ist – bei manchen Kindern hat man ja den Eindruck, sie schlafen nie, sie erzählen munter von TV-Programmen, die nachts um 11 Uhr laufen –, von einer Gelegenheit zur anderen zu hüpfen, wenn beim Abendtisch ständig einer aufsteht und ein anderer sich hinsetzt, wenn in den Gesprächen der Erwachsenen drei oder vier Themen gleichzeitig angesprochen und keines wirklich zu Ende gebracht wird, dann kann der beste Therapeut auf Erden, der begnadetste Pädagoge unter der Sonne mit Ihrem Kind Reaktionen verzögern, so viel er will, nützen wird es gar nichts!

Es darf auch gar nichts nützen, denn das Kind ist vor eine heillose Alternative gestellt. Welchem Leitbild soll es folgen, dem des Therapeuten oder dem der Eltern? »Reaktionsverzögerung« und andere therapeutische Interventionen bedeuten unter solchen Umständen für Kinder auf einer unbewussten Ebene – die die Verhaltenspsychologie freilich nicht ausreichend reflektiert – die Aufforderung zum »Abschied von den Eltern«. Kein Kind erträgt dies, ohne Schaden zu nehmen.

IV. TEIL Über natürliche und notwendige Autorität

21. Kapitel

Strenge! Darf es etwas mehr sein ...?

Wir werden uns in der Arbeit mit den Kindern zu Hause daran gewöhnen müssen, dass Lernen mit elterlicher Autorität verbunden ist. Anders geht es gar nicht! Denn ein noch so sorgfältig vorbereitetes und einfallsreiches Lernen wird gelegentlich langweilig, jede noch so lebendige Übung ist irgendwann einfach nur lästig – Disziplin und Selbstdisziplin ist nun Aufgabe der Eltern. Und wiederum gilt, Eltern können diese Aufgabe sehr viel sinnvoller, persönlicher, auf das Kind bezogener durchführen als irgendeine noch so engagierte »Lehrkraft«. Die Strenge von Eltern ist immer auch Ermöglichung, ein Kind weiß das.

Das »Nein« der Mutter hallt früh in den Kinderohren. Es erzeugt in einem Kind, wie wir seit den Forschungen von Melanie Klein wissen, durchaus auch Ambivalenzen, seelische Widersprüchlichkeiten. Ein Kind lehnt sich gegen das »Nein« auf, ein Kind trotzt. Und dennoch ist es im Verlauf der Entwicklung so, dass dieses »Nein« zu einem Teil der kindlichen Persönlichkeit wird. Die Strenge und Härte, die im mütterlichen »Nein, das darfst du nicht, diese Blume darfst du nicht anfassen, diese Süßigkeiten nicht essen« mitschwingt, verwandelt sich in dem kleinen »Ich« zu innerer Stabilität und Stärke. Das »Nein« von Mama und Papa erzeugt auch Fähigkeiten: die Fähigkeit, Geduld zu haben, die Begabung zu verzichten. Ein Kind weiß das natürlich nicht, spürt es aber.

Dies ist eine ganz andere seelische Voraussetzung, als ein Kind sie in der Schule findet. Die Autorität eines Lehrers wirkt insgeheim immer bedrohlich. Er ist Verkörperung des Leistungsprinzips, Verkörperung einer ungenauen Zukunft, die mit jeder »Fünf« gefährdet ist. Die Lehrer-Autorität erzeugt Angst, weil sie in gewisser Weise immer fremd bleibt. Auch schlechte Zensuren, unüberschaubare Leistungsvergleiche, sinnleeres Disziplinieren und Stillsitzen im Klassenzimmer machen Angst.

Die Autorität der Eltern hingegen ist vertaut, sie ist konkret, sie ist innig verflochten mit dem Gesamt der Kindererinnerungen, sie ist, mit anderen Worten, tief im Kinder-Ich verankert. Die Papa- und Mama-Autorität ist eine ganz andere als die des Lehrers, der Kindergärtnerin oder des Kontrolleurs in der Straßenbahn.

Wenn Psychologen Bäume biegen ...

Nein, ich habe keine Bedenken, in der Erziehungsdebatte Worte wie »Autorität« oder »Strenge« zu verwenden. Freilich müssen wir acht geben! In den letzten Monaten hat sich ein neuer Ton bemerkbar gemacht. »Kinder brauchen Grenzen« schallt es von allen möglichen Seiten. Ist dieser Slogan an sich schon unkonkret und missverständlich genug, so scheint er außerdem andere alt vertraute und hässliche Slogans nach sich zu ziehen.

Ich nenne ein Beispiel: Neulich hörte ich eine Radiosendung, es ging dort zum x-ten Mal um die Frage, wie viel Autorität Kinder »brauchen«. Zum Schluss der Sendung fasste eine Kinderpsychologin ihre Position in einen Satz, der mir nur allzu bekannt und grässlich in den Ohren klang. Dieser Satz lautete: »Ein Bäumchen biegt sich, ein Baum nicht mehr.«

Die Psychologin wollte damit ihr Plädoyer für eine neue und strenge Autorität wohl auf populäre Weise veranschaulichen. Es geriet zu purem Unsinn. In einer modernen Gesellschaft bedeuten uralte Kalender-Sprüche eben nichts mehr. In einer modernen Medienkultur und Informationsgesellschaft ist es eben so, dass ein »Bäumchen«, das sich schon früh »biegt« – übrigens ein Bild, das Brecht in seiner Lyrik mehrmals für Flüchtlinge und Verfolgte wählte –, keineswegs zu einem starken Baum wird, sondern zu einem, der bei all den vielen Windstößen und Erschütterungen keine eigene Richtung findet und rücksichtslos hin- und hergebeugt wird.

Unsere modernen Kinder sind täglich, stündlich einer Fülle von Eindrücken und Verlockungen, etwa der Reklame, einer Unmenge von Aufforderungen unterschiedlichster Art ausgesetzt: Ohne ein stabiles und selbstbewusstes und in gewisser Weise egozentriertes Ich wären sie ihnen nicht gewachsen.

Das Bäumchen, das sich biegt, entwickelt sich unter modernen Lebensbedingungen zu einem Kind, das unter dem Eindruck der vielen Anforderungen zuletzt nur auf die autoritative Stimme wartet, die ihm die Entscheidung abnimmt. Aber diese Stimme gibt es in der modernen Wirklichkeit nicht. Ein zu purem autoritätsgeprägten Gehorsam erzogenes Kind ist in der zerrissenen Medienwelt, die schon für die Kinder globalisierte Züge trägt, nur hilflos.

Vor solchen Erziehungsweisheiten, die heute in vielen psychologischen Beratungsstellen Einzug halten, muss ausdrücklich und deutlich gewarnt werden. Sie richten Unheil an. Nein, niemand darf »gebeugt« werden, weder ein Bäumchen noch ein Kind! Es geht strikt um das Gegenteil: um das Aufrecht-Gehen.

22. Kapitel

Kinder wollen Autorität – es muss aber die richtige sein!

Die Autorität, von der ich spreche, ist ein Angebot an ein Kind. Vor allem das Angebot, sich mit erwachsener – mütterlicher oder väterlicher, weiblicher oder männlicher – Stärke zu identifizieren. Diese Stärke muss freilich erlebbar sein. Erlebbar – das heißt zunächst einmal schlicht, dass es Eltern vor Augen hat, die sich im Konflikt auch durchsetzen. Erlebbar heißt darüber hinaus, dass ein Kind die Erfahrung macht, dass es selber Konflikte durchstehen und ertragen kann – und keineswegs daran zerbricht. Nichts macht Kinder so ängstlich wie eine familiäre Atmosphäre, in der jegliche Auseinandersetzung peinlich gemieden wird.

So, und nun wird der Gedanke etwas schwierig. Wenn ein Kind sich selber im Konflikt erlebt, sich aber dennoch der elterlichen Autorität am Ende fügt, ist es dann nicht so, dass es sich nur als ein untergeordnetes, vielleicht sogar unterworfenes, als ein geducktes Wesen kennen lernt? Und wie soll es ausgerechnet auf diese Weise Selbstbewusstsein und Stärke üben?

Solche Fragen kommen uns Eltern sofort in den Kopf, wenn wir über Autorität nachdenken. Und natürlich gibt es eine Autorität, die ein Kind klein macht, eine herrische, ängstigende Autorität. Aber es ist nicht die einzig mögliche.

Den Kindern zuhören

Wir haben – vielleicht im Gefolge einer spezifischen deutschen Tradition – gelernt, Autorität als etwas dem Ich Fremdes und Feindliches zu begreifen. Sogar wenn wir von elterlicher Autorität sprechen, stellt sich eine unangenehme Assoziation ein, als ob da eine überwältigende, überrumpelnde, das Ich beugende Instanz am Werk sei.

Dies ist aber im Erleben der modernen Kinder keineswegs der Fall. Wenn ein Kind sich mit Vater oder Mutter in einen Konflikt begibt, dann kann es diesen Konflikt sehr wohl selbstbewusst erleben. Und dennoch können Vater und Mutter ihren Standpunkt durchsetzen. Dieser Standpunkt, der mit väterlicher oder mütterlicher Autorität vertreten wird, ist für ein Kind eben nicht ein Punkt, an dem sein Ich scheitert. Er kann ebenso als Orientierungspunkt empfunden werden, als ein Haltepunkt, den die Eltern für ihr Kind aufgerichtet haben.

Moderne Kinder haben – das besagen alle Untersuchungen zu diesem Thema – eine offen eingestandene Sehnsucht nach Autorität. Sie sind gewohnt, in entgrenzten und entregelten Lebenswelten zu existieren, sie kommunizieren im Internet über Zeitgrenzen hinweg, bestaunen im Kino digitale Bilder, in denen alle Wirklichkeitsbedingungen aufgehoben sind, aber inmitten der Trance- und Technonächte, im Wirbel der Digital-Games und in den unermüdlichen Versprechungen der Werbung haben sie – gleichzeitig! – ein tiefes Verlangen nach einem Zuhause, nach Sesshaftigkeit. Sie mögen beständige und verlässliche Menschen, sie wollen gern einen Halt haben. Finden sie ihn in ihrer Familie nicht, dann befolgen sie eben die Vorschriften, die eine Markenindustrie, digitale Bildproduktionen, Casting-Firmen im Auftrag von viva und RTL 2 unaufhörlich an sie absenden. Eltern sind gegen dieses Unmaß an verlockender Unübersichtlichkeit der erste, der natürlichste Schutz – Kinder und Teens wissen das sehr genau. Sie sprechen es in den genannten Umfragen deutlich genug aus (aber wer hört ihnen schon zu?).

Ich will – weiß nur nicht, was

Alle Eltern haben dies schon erlebt, einmal oder viele Male: Der Sohn oder die Tochter hängt mürrisch über den Hausaufgaben, hat nicht die geringste Lust, wehrt sich wild gegen die Zumutung des Lesens und Schreibens und wird mit sanftem, aber unausweichlichem Druck zur Erledigung seiner Aufgaben gezwungen. Dasselbe Kind wirkt stolz und wie befreit, wenn es seine Aufgaben schließlich doch erledigt hat.

Wieso wundert uns das eigentlich?

Es ist stolz darauf, seinen trägen Willen bezwungen und sein stärkeres Ich durchgesetzt zu haben. So schwer ist das doch gar nicht zu begreifen! Kinder – und dies ist nun ein ganz entscheidender Punkt – *müssen Ich-Stärke genauso lernen wie sie Laufen und Schreiben und Schuhe-Zubinden lernen mussten.* Die Stärke des Ich – Grundlage jedes starken Selbstbewusstseins – ist nicht wie das Grün in jedem Frühjahr einfach »da«. Es ist eine *Leistung.* Wenn sie unseren Kindern nicht abgefordert wird, wird sie nicht erbracht. Die Kinder werden schwächlich, mürrisch und träge darüber. Kein Mensch ist glücklich, wenn er den Tag verdöst. Kinder mit ihrer Begabung zu Fantasie und Spiel und ihren Körperkräften schon mal gar nicht. Aber jeden Tag sehe ich in meiner Praxis junge gesunde Kinder, 10 oder 12 oder 14 Jahre alt, die sich bewegen wie alte Menschen, geduckt, mühsam, unfroh. Hat etwa elterliche Autorität sie so »klein« gemacht? Nein, ein Blick auf ihre Eltern und ein weiterer darauf, wie diese Kinder mit ihren Eltern umgehen, lässt solche Bedenken schmelzen wie den Schnee im Frühjahr. Es ist ganz anders! Ihr unfertiger Wille, dem sie alles untergeordnet haben, hat in ihrem Leben viel zu viel Platz beansprucht, und niemand gebietet ihm Einhalt.

Kinder sind tyrannisch gegen sich selbst

Kindliches Wollen ohne Anstrengung und ohne Maß führt letztlich zu kindlicher Tyrannei. Nicht nur zur Tyrannei des Kindes gegenüber seinen Eltern, sondern, was noch viel schlimmer ist, zur Tyrannei des Kindes sich selber gegenüber. Das ergibt dann das recht klägliche Bild sehr junger Menschen, das ich eben – leicht polemisch überspritzt – skizziert habe. Sie sind müde vor lauter Nicht-Wissen, weil ihnen keiner gesagt hat, was richtig und was falsch ist. Sie hängen unbefriedigt und bekümmert und mit ihrem untrainierten Willen allein gelassen vor irgendwelchen Aufgaben, die sich unüberschaubar vor ihnen auftürmen. Sie haben sich wieder einmal durchgesetzt – »was soll man schon machen«, sagen Papa und Mama resigniert, »wir können sie doch nicht den ganzen Tag lang kontrollieren!« –, die Aufgaben werden nicht erledigt, aber froh sind sie deswegen nicht. Ganz im Gegenteil. Sie spüren instinktiv, dass sie von den Eltern im Stich gelassen worden sind.

Kinder orientieren sich an Erwachsenen, an ihren Eltern zuerst, sie brauchen ein kräftiges Vorbild, das ihr nachdenkliches, reifendes Ich stützt. Daran kann es eigentlich gar keinen Zweifel geben. Eltern, die zu häufig dem kindlich spontanen trotzigen Willen nachgeben, stören die notwendige Beziehungsdichte mit ihrem Kind.

So entsteht jene Szene, die man als psychologischer Betreuer von Familien wieder und wieder beobachten kann: Ein kindlicher Wunsch ist wieder einmal prompt erfüllt worden, das Kind weint trotzdem und die Erwachsenen fragen sich bekümmert, was sie nun schon wieder falsch gemacht haben. Die Antwort lautet: Sie haben ihr Kind im Stich gelassen.

Kinder sind nicht klein zu kriegen – Gott sei Dank

Nachgiebige Eltern und unglückliche Kinder – sie sind so etwas wie ein Grundbild in viel zu vielen Familien. Die richtige Antwort auf diese Einsicht lautet freilich nicht – auch solche Tendenzen gibt es ja seit neuestem –, dass Kinder ab sofort wieder klein gemacht, dass sie wie ein Bäumchen gebogen werden. Das eben nicht!

Sondern jedes »Stopp«, das seinem Willen entgegengesetzt wird, muss für das Kind verständlich sein, soll eine Erfahrung sein, durch die *es mit sich selber bekannt wird*. Erst so wird aus dem kindlichen Wünschen und Wollen auf der einen Seite und dem elterlichen »Ja« oder »Nein« auf der anderen Seite etwas Eigenes, etwas Differenziertes, das einem Kind den Zugang zu sich selber öffnet.

23. Kapitel

Die mühsame Kompetenz der Eltern

Unendlich viel Geduld, unendlich viel Zeit, durchwachte Nächte und von Babyschreien zersägte Vormittagsstunden haben Sie als Eltern durchlebt und durchlitten und auf irgendeine geheimnisvolle Weise sogar geliebt. Sie haben der Gesundheit des Babys und des Kleinkindes zu Liebe auf die Zigarette verzichtet, Sie haben dem unruhigen schreienden Balg bei den Schritten ins Leben hundertmal und öfter auf die Beine geholfen, bis es unbeholfen weiter trampelte, wieder stürzte und Sie ihm wieder aufhalfen. Unendliche Geduld – sie ist das Kennzeichen und Merkmal elterlicher Liebe in den ersten Lebensjahren.

Und dann, auf einmal – viel zu oft! – reißt der Geduldsfaden! Wie auf ein geheimes Kommando werden viele, viel zu viele Eltern beim schwierigen Erlernen des Lesens und Schreibens ungeduldig. Der Grund dafür? Es ist wohl derselbe, den ich im 4. Kapitel schon erwähnt habe: Mit Eintritt in die Schule geben wir einen Teil der

Verantwortung (und sogar die ganze Verantwortung für die intellektuelle Entwicklung unseres Kindes) an die Schule ab, an die Lernprofis, die Lehrpläne, die Kultusbürokratie, die Erziehungswissenschaftler. Dabei haben sie bei weitem nicht so viel Ahnung vom Leben und Lernen unseres Kindes wie wir Eltern selber.

Geradezu instinktiv folgen wir den Regularien unserer Gesellschaft. Wir akzeptieren: Schule ist für das Lernen zuständig und das Lernen des Kindes für die Schule. Die Eltern danken ab.

Erst wenn die ersten Lern-Katastrophen und Lebenskrisen eines Kindes eintreten, werden viele Eltern unsanft auf den Boden der schulbürokratischen Realitäten zurückbeordert. Aus der Schule tönen barsche Signale, mit denen angeordnet wird, was Eltern alles zu tun, zu unterlassen, zu besorgen und ergänzend zu organisieren hätten, damit der Schulerfolg nicht in Frage gestellt sei.

Steht er aber dennoch in Frage, sorgt sich weder »Lernprofi Lehrer« noch die Kultusbürokratie einen Deut um das Kind. Aussonderung droht, ab in die Sonderschule! Ich sage mit Bedacht »Sonderschule«, denn der Terminus Förderschule ist eine glatte Lüge, ein »Fake« – das bleibt leider auch dann wahr, wenn man einräumt, dass an diesen Schulen vermutlich die meisten engagierten Lehrer anzutreffen sind. Aber wie sollen sie gegen die strukturellen Defizite, die miserable Ausstattung und mangelnde Planung dieser Schulform ankommen – selbst mit bestem Willen? Jeder kann mit ein wenig rationalem Menschenverstand einsehen, dass eine Klasse mit einem sozial geschädigten Kind neben einem hyperaktiven und vielleicht noch zwei depressiven Schülern – ergänzt um zwei oder drei ausländische Kinder, die lediglich in der Sonderschule sitzen, weil sie die deutsche Sprache nicht beherrschen – keine Lerngemeinschaft ergeben kann. Da mag man hundertmal aufzählen, dass in den Sonderschulen vergleichsweise kleine Klassen möglich sind. Ein produktives Lernklima ergibt sich unter solchen Voraussetzungen nicht.

Jeder weiß das, die Schulbürokraten genau so wie die Lehrer. Und dennoch drohen sie damit, ein lernschwieriges Kind wegzuschieben, und nennen es Förderung. Der Heuchelei sind keine Grenzen ge-

setzt – und die Eltern sind mit ihrem blinden oder auch überge-
horsamen Vertrauen in die Einrichtung der Bildungsinstitutionen
plötzlich auf sich selber zurückgeworfen.

Was also hilft? Wir kommen an den Anfang dieses Kapitels
zurück. Unendliche Geduld, unendlich viel Mühe, Sorgfalt, ja De-
mut haben Sie, die Eltern, aufgebracht angesichts der kindlichen
Existenz, dem kindlichen Scharm, dem kindlichen Versorgt-
werdenwollen. Unendlich oft haben Sie sich den kleinkindhaften
Ansprüchen gefügt, weil sie Ihnen legitim und gerechtfertigt wie
die Natur selber erschienen. *Eben diese Haltung benötigen Sie jetzt
wieder.*

Ihr Kind ist immer noch Ihr Kind, auch wenn es institutionell in
andere (schulische) Zusammenhänge gerückt worden ist. Ihr Kind
braucht immer noch die Geduld, die Unerschöpflichkeit der elterlichen Zuwendung (kein anderer Mensch wird sie für Ihr Kind aufbringen!), nur so wird es aus seiner Lern- und Lebenskrise herauszufinden. Sie müssen ihm jetzt so helfen, wie Sie ihm fünf oder
sechs Jahre lang aus wer weiß wie vielen kleinen – weitaus gering-
fügigeren – Krisen herausgeholfen haben! Sie haben nur die Wahl,
von einer familiären Krise, ausgelöst von den Kinderängsten, zur
nächsten zu schlittern oder sich auf Ihre elterlichen Tugenden
zurück zu besinnen.

Sie sind immer noch »da«, diese Tugenden, Eltern sind ausge-
stattet mit einer fundamentalen Kinderliebe, die aus irgendwelchen
Ursprüngen der menschlichen Existenz erwächst. Nur haben sich
viele Eltern, wenn es um Lernprobleme geht, dieses intuitives Empfinden von den Anmaßungen der Schulbürokratie abgewöhnen
lassen. Sie müssen sie schleunigst zurückgewinnen!

Adveniat. Er möge kommen!

Wir haben in meiner Praxis vor einigen Tagen, Anfang November, einen Versuch gemacht. Wir ließen die Kinder im Alter von 8 bis 14 Jahren die Weihnachtsgeschichte nacherzählen. Um genau zu sein: Wir hatten es so geplant, wir *wollten* uns von unseren kleinen Patienten die Geschichte von Christi Geburt nacherzählen lassen. Aber daraus wurde nichts. Mehr als 70 Prozent der Kinder wussten mit dem Thema nichts anzufangen.

Zumal die Kleineren bis zu 11 Jahren wirkten verwirrt, hilflos und ein wenig gelangweilt. Christi Geburt, was soll denn das sein? Die mächtige Legende von dem umherirrenden verarmten Paar, der schwangeren Frau, dem Stall und dem Stern –, sie hatten kaum davon gehört, jedenfalls nicht so bewusst, dass es sich ihrer Erinnerung eingeprägt hätte.

Unsere schönen Überlegungen zerstoben wie Sägemehl im Wind. Wir waren naiv davon ausgegangen, dass die eindrucksstarken Bilder den Kindern vertraut seien. Wir wollten auf der Grundlage dieser Vertrautheit mit ihnen Reflexionen üben. Es stellte sich heraus: Dazu fehlte den Kindern jegliche Grundlage.

In den Köpfen dieser Kinder sind Unmengen von Eindrücken, übermächtige Bilder präsent, aber die Eindrücke fügen sich in keine Ordnung. Die vielen Bilder, gemixt aus Werbung (alle eineinhalb Minuten eine andere), Trickfilmen (alle 10 Sek. neue Aktion), Gameboy-Sequenzen ergeben keinen Sinn. Alles schwimmt und rast eindrucksmächtig und flüchtig an ihnen vorbei. Dadurch wird alles austauschbar, gleichgültig.

Dieses Christuskind und die Erlösung oder die Volksbank, die den Weg frei macht – wie soll ein Kind zwischen beiden unterscheiden? Beides wird ihm völlig unterschiedlos mit beeindruckenden Bildern vor Augen gehalten – und zerfällt im Einerlei einer elektronisch digitalen Bilderkultur.

Ich befasse mich seit Jahren mit den Veränderungen der Kindheit, aber mit diesem Ergebnis hatte ich nicht gerechnet. Sinn, das ist in unserer Kultur ein Gut, das knapp geworden ist. Oder, was auf das Gleiche hinausläuft: *alles* ist Sinn, das Horoskop, das Mama am Frühstückstisch liest, ebenso wie der Konfirmandenunterricht. Alles ist irgendwie Sinn und damit nichts.

Sie hat mich überrascht, diese Selbstaufgabe der Eltern! Nichts ist so sehr auf Familie abgestimmt wie das Weihnachtsfest in europäisch-abendländischer Tradition. Wenn es überhaupt noch einen sakrosankten Zeitraum für Familie gibt, dann konnten es die Wochen vor dem Weihnachtsfest sein. Viel zu viele Eltern haben diese kurze sinnerfüllte Zeitspanne bereitwillig aufgegeben, Weihnachten ist in der Vorstellung vieler Kinder ein weiterer Anlass, Geschenke zu bekommen – aber Geschenke bekommen sie ohnehin das ganze Jahr.

Weihnachten ist entwertet.

Ich will Ihnen erklären, warum das für die Entwicklung der Kinder so schädlich und für die Gesamtheit einer Familie so schade ist.

Der Sinnhunger der Computerkids

Weihnachten und Advent – adveniat, er möge kommen, es möge eintreten! Advent ist die Zeit des Wartens. Warten auf ein Geheimnis, das in ein mystisches Licht gehüllt ist, wunderschöne bewegende Bilder und Symbole, die Kinder seit vielen Generationen aufhorchen ließen. *Aufmerken, aufmerksam sein* ließen! Das Warten auf Weihnachten gehört dazu, damit Kinder empfänglich werden für die eigenartige Weihnachtslegende – in ihr enthüllt sich ein Schimmer des universalen Menschheitssehnens. Kinder haben ein feines Empfinden dafür. Sie lassen sich bereitwillig beeindrucken, sie »merken auf«. Auch für die modernen Kinder gilt dies.

Das zeigte sogar unser missglücktes Experiment. Wir haben den Fehlschlag unseres kleinen Versuches nämlich zum Anlass genommen, Schreib- und Rechenbücher und therapeutische Materialien zur Seite zu legen, um den Kindern von Weihnachten zu erzählen. Unsere kleinen Computer-Kids, unsere ängstlichen und modebewussten 10-jährigen Mädchen! Mit aufgerissenem Mund und offenen Ohren saßen sie vor uns, sie lauschten. Wie war das mit dem Ochsen, der warm atmete und das Baby wärmte? Wie war das mit den Engeln und dem Licht am Himmel, dem Morgenstern und den drei Königen? Sie wollten es alle wissen. Und es gelang wie selbstverständlich, was sonst in der modernen Kindheit so selten gelingt: Die Spannung übersetzte sich in einen Zustand des Wartens. Adveniat – er möge kommen! Auch von dieser, die Weihnachtshoffnung tragenden Haltung übernahmen die Kinder spontan, unwillkürlich ihren Teil. Weihnachten und Christi Geburt, das ist nicht etwas, das »da« ist, wie sonst alles in der modernen Kindheit in Griffnähe liegt, bei dem man nur zupacken muss, zugreifen und festhalten und in Besitz nimmt. Es ist nicht wie in einem Computerspiel »da und wieder weg«, in schnellem Wechsel. Nichts davon galt jetzt mehr, hier war Geduld Voraussetzung des Verstehens, sonst machte die stille Legende keinen Sinn. Die Bereitschaft, dies zu verstehen, war den Kindern anzumerken – sie verhielten sich für ein oder zwei Stunden so, wie es Kinder vieler Generationen vor ihnen getan hatten.

Und wieder fragte ich mich: Warum räumen so viele Eltern bereitwillig oder nachlässig diesen Ort des Wartens, der Dauer, der Verlässlichkeit und der tiefen beglückten Anspannung auf etwas hin, das sich im Rahmen einer Familie und nirgends sonst ereignen kann. Besinnung auf Weihnachten – warum verzichten wir darauf? So viele Generationen von Kindern haben über Wochen hinweg geduldig dem Heiligen Abend entgegen gefiebert. Sie haben ihre Sinne angespannt, ihre geistigen Kräfte auf diesen einen Tag hin gebündelt. Sie haben diese besondere Zeit dazu genutzt, in Bildern oder Schrift ihr eigenes Verstehen darzustellen, sie haben gemalt, geschrieben, Gedichte gelernt und dergleichen mehr. Die Kraft der alten Legende prägte sich ihnen als die Bereitschaft ein, zu warten und zu schreiben, geduldig zu sein und nachzudenken. Nichts benötigten unsere modernen Kinder mehr als dies. Mir kam es in dieser Erzählstunde so vor, als hätten sie davon mehr als nur eine Ahnung.

Die Ordnung des Jahres

Der Zusammenhang von Geduld und Denken, er wird ihnen an allen Ecken und Enden ausgetrieben. Mit den Folgen beschäftigen wir uns in diesem Buch. Weihnachten – und überhaupt die großen Festtage – sind Zeiten der Bündelung seelischer Kräfte, die beeindruckbare kindliche Seele liebt Feste. Sie strukturieren das Jahr, Weihnachten und Ostern, Ostern und Pfingsten und dann wieder Weihnachten – vielleicht unterbrochen von den großen Sommerferien – all das sind große Ordnungslinien, Zeitmarkierungen, in denen sich für Kinder früher das Jahr ordnete. Jeder dieser Zeit-Orte war, auf Grund seiner sinnhaften Bedeutung, ein Haltepunkt in dem unübersichtlichen Fließen der Zeit. In einer medialen Wirklichkeit, in der alles unaufhörlich im Fluss ist und die Kinder clever von einem Ort zum anderen, einem Spektakel und einer ästhetischen Sensation zur nächsten springen, ist das Unterbrechen des Fließens wichtig. Wir schlagen in diesem Buch dazu eine Reihe von konkreten Übungen vor. Aber keine dieser relativ künstlichen Übungen kann der Mächtigkeit der alten Legenden und ihrer Wirkungen gleichkommen. Die messianische Botschaft – in jeder Sekunde kann der Messias eintreten, und darauf heißt es angespannt *und* geduldig zu warten – ist eine ursprünglich kindliche Botschaft. Die Evangelisten wussten dies und die großen Pädagogen wussten es auch. Nur manche Eltern der Gegenwart haben es vergessen. Dass Geduld etwas damit zu tun hat, dass man Hoffnung haben kann – auch das lehrt die Weihnachtsgeschichte. Wer sonst lehrt unsere Kinder, *dass es einen innigen Zusammenhang gibt zwischen Hoffen und Geduld?* Nur wer Geduld hat, hat auch den langen Atem der Hoffnung. Wer ungeduldig nach allem und jedem greift, der hofft nicht mehr, er muss immer sofort haben oder gibt »frustriert« auf.

Sollten Sie also zu denjenigen Eltern gehören, die die sinnhafte Zeit und den sinnhaften Ort »Weihnachten« preisgegeben haben, so machen Sie Ihre Entscheidung bitte sofort rückgängig. Was für Weihnachten gilt, gilt auch für viele kleinere Anlässe im Verlauf eines Jahres. Unsere Kinder »hungern« nach Sinn. Sie haben tausend und eine Frage, die sie uns stellen möchten und die nichts mit Zensuren in der Schule und nichts mit Markenklamotten und Computerspielen zu tun haben. Sinnfragen! Viel zu oft stoßen ihre Fragen auf ein großes verlegenes Schweigen der Erwachsenen. In den Schulen und in vielen Familien auch. Wir überlassen sie einer Sinnleere, die sie hektisch und überfordert zu füllen versuchen. Sie werden nur altklug und clever, zynisch und nervös dabei. Eltern können ihnen helfen, Eltern in erster Linie. Fangen Sie sofort damit an.

Lernübungen

Von Martina Bergmann

Wichtig bei Kindern mit Lese-Rechtschreibschwierigkeiten ist vor allem das Begreifen mit allen Sinnen.

Mit den Augen: das Erkennen der Schriftsymbole, das Hin- und Herschieben der Buchstaben zu einem Bild (Wortbild).

Mit den Ohren: Wahrnehmen von Geräuschen, Lauten (laut, leise, lang oder kurz, hoch oder tief).

Mit den Händen: Greifen der Symbole, Buchstaben legen, aneinander reihen, trennen ...

Mit der Nase: bewusstes Ein- und Ausatmen beim Heben und Senken der Stimme.

Wichtig für eine gute Rechtschreibung ist also das Begreifen der alphabetischen Reihe.

1.
Zur bewußten Wahrnehmung wie die Buchstaben zum Wort wurden, hilft die Zerlegung der Wörter in Silben. Vielen Kindern hilft es, wenn Silben durch Atemübungen deutlich gemacht werden.

a. Malen Sie kleine Hügel oder lassen Sie die Kinder selber zeichnen. Das entspannt bei einer Lernsituation und macht Ihre Kinder neugierig.

b. Nehmen Sie zum Beispiel das Wort »laufen«

Die erste Silbe »lau« schreibt Ihr Kind den vorher gemalten Hügel hinauf.

Heben Sie dabei deutlich die Stimme!

Bei der zweiten Silbe »fen« schreibt Ihr Kind den Hügel hinunter.

Senken Sie deutlich die Stimme!

Atmen Sie aus!

Üben Sie täglich mit Ihrem Kind. Sie können diese Übung auch ohne Papier und Stift probieren.

Zeichnen Sie dann die »Hügel« einfach in die Luft.

Kommt Ihr Kind damit besser zurecht, können Sie kurze Sätze mit der gleichen Technik probieren.

Wörter, die nicht trennbar sind, werden unterstrichen.

Beispiel: Ich laufe in die Schule.

Nicht trennbar: »ich« – eine Linie unter das Wort ziehen lassen;
trennbar: »lau-fe« – Hügel …

Diese Übung macht Kindern großen Spaß! Wiederholen Sie sie sooft es geht.

Vergessen Sie dabei nie die Atemtechnik!

Ist Ihr Kind darin sicher, beginnen Sie den nächsten Schritt.

2.

Lassen Sie Ihr Kind die Silben mit den Händen erfassen.

Ihr Kind soll die Silben eines Wortes zählen. Am besten mit den Fingern!

Ist es sicher beim Zählen der Silben?

Wenn nicht, zählen Sie mit!

Suchen Sie anfangs nur Wörter mit zwei oder drei Silben, damit sich Ihr Kind nicht überfordert fühlt.

Lassen Sie keine schulähnliche Situation entstehen!

Sie sind Mama oder Papa, kein Lehrer.

Mama und Papa bewerten nicht.

Mama und Papa wollen helfen. Dessen muss sich Ihr Kind immer bewusst sein!

Üben Sie nicht länger als zehn Minuten täglich mit Ihrem Kind, sonst fühlt es sich schnell unter Zwang gesetzt und könnte sich verweigern.

Nach dieser Übung sind wieder die »Hügel« dran.

Diesmal »auf den Kopf« malen lassen. Hügel sehen dann aus wie kleine Gruben. Ihr Kind soll den Stift locker in der Hand halten, ihn *führen*.

Dann werden die Linien weicher und die Bögen breiter ausfallen, was für die Übung wichtig ist.

Nehmen wir wieder das Wort »laufen«.

Hat Ihr Kind die Silben gezählt?

Fragen Sie!

Lassen Sie jetzt pro Silbe einen Bogen malen.

Zum Schluss darf es jede Silbe in einen der Bögen schreiben.

Diese Übung sollten Sie sooft wie möglich wiederholen.

Achten Sie immer auch auf eine deutliche Aussprache!

Ein bisschen Übertreibung schadet nicht.

Später können Sie den Schwierigkeitsgrad steigern, indem Sie Wörter mit vier oder fünf Silben benutzen oder sogar kurze Sätze diktieren.

Liebt Ihr Kind Musik? Rhythmen? Dann soll es die Silben singend oder rhythmisch ausdrücken.

3.

Eine andere Übung ist das so genannte »Lautieren«. Wichtig für Ihr Kind, wenn es hilflos dasitzt und nicht weiß, wie es ein Wort aufs Papier bringen soll.

Bevor Sie diese Übung beginnen, sollten Sie sich vergewissern, ob Ihrem Kind alle Buchstaben geläufig sind.

Lassen Sie es das ABC legen.

Ist Ihr Kind bei einigen Buchstaben unsicher?

Formen Sie diese Buchstaben mit Knete oder Ton. Ein »H« beispielsweise. Fragen Sie Ihr Kind, welches Wort ihm mit »H« einfällt. Ein Haus? Malen Sie eins! Eine Mauer rechts, eine links, ein Balken in der Mitte.

Oder fällt ihm das Wort »Hase« ein?

Lassen Sie einen Hasen kneten und setzen Sie ihn neben das »H«. Ihr Kind wird sehr stolz darauf sein und gar nicht merken, dass es *lernt*.

Stellen Sie die geformten Buchstaben und Gegenstände so auf, dass der Blick Ihres Kindes oft darauf fällt!

Kennt Ihr Kind jetzt alle Buchstaben?

4.
Dann können Sie mit der nächsten Übung beginnen.

Halten Sie Stift und Papier bereit. Erklären Sie Ihrem Kind die folgende Aufgabe:

Sie sprechen ein Wort langsam und sehr deutlich aus.

Ihr Kind soll nun versuchen, Buchstaben für Buchstaben zu erkennen und zu benennen.

Schreiben wird aber Mama! Das ist gerecht, findet Ihr Kind. Das Kind nennt nacheinander die Buchstaben und Mama hat die Arbeit mit dem Schreiben. (Zumindest in diesem Teil)

Sitzen Sie Ihrem Kind gegenüber? Kann es die Wortlaute unterstützend von Ihrem Mund ablesen?

Dann kann es losgehen.

Sprechen Sie das Wort »Hase«.

Fragen Sie Ihr Kind, welchen Buchstaben es zuerst hört.

Wiederholen Sie das Wort.

Welcher Buchstabe kommt zuerst aus deinem Mund?

Sprechen Sie das Wort ganz langsam. So langsam, dass das Kind das Gefühl bekommt, jeden Buchstaben berühren zu können.

Wiederholen Sie das Wort langsam.

Welcher Buchstabe kommt jetzt aus deinem Mund?

Das Kind wird den Laut nennen. Seien Sie geduldig. Wiederholen Sie, bis es den richtigen Buchstaben heraushört und benennen kann.

Dann schreiben Sie den Buchstaben aufs Papier.

Daran hat Ihr Kind dann wieder Freude.

Wiederholen Sie das Wort, bis Ihr Kind jeden Buchstaben genannt hat.

Ist das Wort vollständig, lassen Sie Ihr Kind lesen, was es »diktiert« hat.

Üben Sie täglich fünf Wörter. Begrenzen Sie die Übungen auf zwei Wochen.

In dieser Zeit hat Ihr Kind gelernt, Buchstabe um Buchstabe zu einem Wort zusammenzufügen.

Führen Sie die Aufgabe fort! Mit einem Unterschied: Das Kind soll schreiben, Buchstabe für Buchstabe erarbeiten und aneinander reihen.

Wieder fünf Wörter jeden Tag. Zwei Wochen lang.

Seien Sie geduldig.

5.

Ich erzähle den Kindern immer, wie streng meine Eltern waren. Um 19 Uhr musste das Licht aus sein.

Heimlich, mit einer kleinen Taschenlampe las ich unter der Bettdecke. Ergebnis: Meine Augen taten weh, aber im Deutsch hatte ich immer Eins! Ich habe also verbotenerweise gelesen. Das imponiert den Kindern!

Drehen Sie den Spieß um!

Erlauben Sie den Kindern zu lesen. Zehn Minuten am Tag. Laut und langsam. Dieses lautbewusste Lesen nennt man »Pilotsprache«.

Setzen Sie sich neben Ihr Kind. Achten Sie auf eine deutliche Aussprache.

Lässt Ihr Kind oft die Endungen weg? Unterstreichen Sie die Endungen!

Liest es ohne Strich und Komma? Malen Sie die Satzzeichen mit bunten Farben an oder: Streichen Sie die Satzzeichen einfach weg! Sofort gewinnen sie wieder an Bedeutung.

Sagen Sie Ihrem Kind, dass es nicht länger als zehn Minuten mit Ihnen lesen darf. Stellen Sie die Uhr ein.

Sind die zehn Minuten vorbei, muss Ihr Kind mitten im Satz aufhören.

Bei der Auswahl der Lektüre sollte Ihr Kind bestimmen dürfen. Legen Sie Schulbücher und Fibel beiseite.

Zeigen Sie Ihrem Kind, dass Lesen auch Spaß machen kann!

Lachen Sie zusammen über einen Witz, der im Buch steht! Zeigen Sie sich präsent und interessiert.

Fragen Sie das Kind, was es gelesen hat. Haben Sie das Gefühl, dass es den Text versteht?

6.

Spielt Ihr Kind gern mit Ihnen?

Spielen Sie mit ihm: Ich höre was, was du nicht hörst!

Sprechen Sie ein Wort, aber wenden Sie Ihr Gesicht ab, damit es nicht vom Mund ablesen kann.

Hat es das Wort verstanden?

Entfernen Sie sich immer weitere 20 cm von Ihrem Kind.

Kann es das Wort schreiben, das es vernommen hat?

Den meisten Spaß macht das Spiel in einer größeren Runde.

Die Zettel mit den verstandenen und geschriebenen Wörtern werden ausgetauscht und vom Nächsten vorgelesen.

7.

Spielen Sie mit Wörtern!

Sagen Sie zum Beispiel »Banane«.

Jetzt ist Ihr Kind dran.

Der letzte Buchstabe von Banane ist ein »E«.

Ihr Kind sucht nun ein Wort, welches mit »E« beginnt.

Wenn die ganze Familie mitmacht, hat nicht nur das Kind Spaß daran!

8.

Liebt Ihr Kind Musik? Kann es ein Lied rhythmusgetreu singen?

Sprechen Sie viel mit ihrem Kind!

Sprechen Sie nicht monoton!

Lesen Sie Ihrem Kind vor. Achten Sie auf die Betonung!

Fragen Sie: »War die Stimme lieb oder böse?«

»War sie laut oder leise?«

9.

Singen Sie mit Ihrem Kind! Es ist gar nicht so schwer!

Ich singe immer. Wenn ich die Treppe hinauf gehe oder hinunter.

Wenn ich die Wäsche auf den Boden bringe oder unsere Tochter in den Kindergarten. Manchmal laut, oft auch ganz leise vor mich hin.

Mein Mann singt mitten auf der Straße und dann auch noch sehr laut.

Und unsere Tochter sitzt, sobald sie morgens wach ist, vor ihrem Spiegel und singt. Schlägt abwechselnd auf die Conga und die Räder ihres Puppenwagens.

Machen Sie mit Ihrem Kind Musik!

Sie benötigen nicht unbedingt ein Instrument! Schlagen Sie den Takt auf den Tisch.

Lassen Sie Ihr Kind in die Hände klatschen.

Singen Sie mit ihm! Laut und leise. Schnell und langsam. Lustige und traurige Lieder. Singen ist bewusstes »Lautieren«, es fördert die Schreibfähigkeit direkt.

10.

Eine wichtige Lernhilfe für Ihr Kind ist auch das Anlegen einer Lernkartei.

Erstens macht es ihrem Kind Spaß, etwas mit eigenen Händen zu erschaffen, zu basteln, ein praktisches Vorbereiten für ein zum großen Teil theoretisches Lernen.

Den ersten Teil dieser Aufgabe, also den praktischen Teil hat es selbst erschaffen. Darauf wird es schon mal sehr stolz sein! Also schon der erste Erfolg.

Sie als Eltern kennen die Fehlerquellen des Kindes genau. Schreiben Sie gemeinsam mit Ihrem Kind diese Wörter zuerst in der Grundform, darunter dann auch in veränderter Form. Beispiel: ziehen

ich ziehe

du ziehst

die Beziehung

Ordnen Sie nun alle vorbereiteten Karten in das vordere Kästchen der Box.

Freut sich Ihr Kind schon auf die Arbeit damit?

Dann fangen Sie an!

Fragen Sie Ihr Kind nach einem dieser Wörter. Weiß es, wie man das Wort schreibt?

Dann kann es diese Karte in das nächste Fach stecken.

War ein Fehler drin?

Erklären Sie, was falsch war. Bauen Sie auch so genannte »Eselsbrücken«.

Stecken Sie dann die Karte zurück ins erste Fach.

Gehen Sie beim nächsten Mal genauso vor.

Immer wieder, wenn Ihr Kind die Karte in der Hand hält, sie anschaut, sie einordnet, wird dieses Wort wieder in sein Gedächtnis gerufen. Auch hier wieder nimmt das Kind mit mehreren Sinnen wahr: mit den Augen, die sehen; mit dem Mund, der spricht, und mit der Hand, die ordnet.

Es wird stolz sein. Mit jeder Karte, die eine Reihe weiter wandert, steigt sein Selbstbewusstsein.

11.

Die Übung 10. ist auch eine gute Vorbereitung für eine Arbeit mit dem Wörterbuch. Dafür braucht es aber viel Geduld. Helfen Sie Ihrem Kind bei diesem Schritt!

Die meisten Kinder haben viel Mühe im Umgang mit dem Duden. Die ganze Sucherei strengt sie sehr an. Besonders rechtschreibschwache Kinder, die sich meist nicht gut über längere Zeit konzentrieren können, geben schnell auf.

Jetzt sind Sie gefragt!

Kennzeichnen Sie die Seiten mit dem »U« rot. Die Seiten mit dem »A« grün.

Oder schreiben Sie die Buchstaben an die Seite.

Ist Ihr Kind unsicher bei einem Wort?

Schauen Sie gemeinsam nach! Geben sie es zu, wenn auch Sie bei einer Schreibweise unsicher sind.

Zeigen Sie Ihrem Kind, wie froh Sie sind, wenn Sie das Wort endlich gefunden haben!

Ihr Kind wird ebenso froh sein!

Es wird sich mit Ihrer Hilfe schnell an den Umgang mit dem Duden gewöhnen.

12.
Nehmen Sie einen kleinen Stoffbeutel. Er sollte aus einem weichen Material bestehen und undurchsichtig sein. Legen Sie einen Gegenstand hinein. Vielleicht einen Schlüssel? Oder einen Radiergummi?

Legen Sie den Beutel in die Mitte des Tisches.

Lassen Sie Ihr Kind tasten, ist es nachdenklich?

Fragen Sie Ihr Kind nach den Eigenschaften des Gegenstandes.

Fühlt es sich hart an? Oder weich? Eckig oder rund?

Lassen Sie Ihr Kind alle der gefundenen Adjektive in ein kleines Heft schreiben.

Hat es den Gegenstand erraten?

13.
Lassen Sie Ihr Kind einen Gegenstand genau beobachten!

Nun soll es die Augen schließen.

Kann es den Gegenstand beschreiben?

Wiederholen Sie die Aufgabe!

Dann ist Mama dran. Vielleicht auch Papa.

In einer großen Runde machen solche Spiele den meisten Spaß, sie schärfen die Sinne und das Bewußtsein für Wortbedeutungen.

14.
Viele Kinder mit einer Rechtschreibschwäche haben Probleme mit »ei« und »ie«. Buchstaben werden vertauscht.

Wichtig ist auch hier eine deutliche Aussprache. Geben Sie Ihrem Kind einen Spiegel in die Hand.

Fragen Sie es: Welche Bewegung macht dein Mund bei »ie«,

und welche bei »ei«?

Schreiben Sie kleine Lückenwörter, zum Beispiel »M se«, oder »W se«.

Ihr Kind soll nun versuchen, die fehlenden Buchstaben einzusetzen.

Manchmal sind auch mehrere Varianten möglich. Das kann bei einem Lückentext sehr lustig klingen.

Vorschlag: Auf einer kleinen Wiese sitzt eine kleine Meise und pfeift ganz leise eine Weise. Da bleibt ein kleines Mädchen weinend stehen. »Warum weinst du?«, fragt die kleine Meise.

»Ich bin schon wieder so einsam«, meint das Mädchen und: »Leider muss ich wieder weiter.«

»Ich singe so rein, ich könnte dein Freund sein«, sagt die kleine Meise.

»Du bist lieb, kannst du eine Weile bei mir bleiben?« fragt das kleine Mädchen

»Ich pfeife dir meine Lieder und du streichelst mein Gefieder«, singt da leise die Meise.

Machen Sie einen Lückentext daraus!

Oder lassen Sie nun das Kind den Text vorlesen. Dann soll es alle »ei« mit roter Farbe übermalen,

»ie« mit blau. Wenn es fertig ist, kann es versuchen, die nun fehlenden Buchstaben wieder einzusetzen.

Dann soll es »seinen« Text vorlesen. Das kann sehr lustig werden!

15.

Wenn Sie mit Ihrem Kind lesen, achten Sie auf eine große Schrift. Geben Sie Ihrem Kind die Möglichkeit, den Text auch aus anderen Positionen zu lesen. Von der Seite zum Beispiel oder »auf dem Kopf«.

Lesen Sie mit ihm auf einer Decke, einer Wiese oder im Bett. Dort, wo sich Ihr Kind am wohlsten fühlt. Schaffen Sie eine behagliche Atmosphäre! Dann haben Sie beide etwas davon.

16.

Wenn Sie mit ihm rechnen üben, achten Sie bitte auf große übersichtliche Kästchen, damit es den Überblick nicht verliert. Außerdem sollten nur wenige Aufgaben auf einer Seite stehen. Sinnvoll wäre auch, die Seite optisch durch dunkle Linien zu trennen, sodass jede Aufgabe in einem gesonderten Abschnitt und für das Kind übersichtlicher erscheint.

Vielleicht fällt Ihnen auf, dass ihr Kind sehr ausdauernd mit den Fingern zählt. Bis zu einem gewissen Alter ist das völlig normal.

Aber vielleicht hat es kein Gefühl für Mengen.

Lassen Sie es einmal die Augen schließen und damit drei Finger zeigen. Kann Ihr Kind die drei Finger gemeinsam zeigen? Oder bewegt es die Finger einzeln zur Drei?

17.

Versuchen Sie ihm zu helfen, die Menge als Ganzes zu verstehen. Kennen Sie noch die alten bunten Stäbchen aus Ihrer Schulzeit? So kann Ihr Kind lernen, ohne Finger zu rechnen, und hat doch eine optische Stütze.

Benutzen Sie einen Würfel beim Rechnen. Spielen Sie mit Ihrem Kind »Mensch ärgere dich nicht«.

Ihr Kind wird allmählich lernen, die Punkte oder Zeichen als Ganzes zu sehen.

18.

Wenn Ihr Kind zu Hause lernt, achten Sie darauf, dass es in einem ruhigen Raum sitzt. Es soll nicht stark abgelenkt werden. Achten Sie auf eine räumliche Ordnung. Fragen Sie Ihr Kind nach der Anzahl der Stühle im Raum, nach den Blumentöpfen auf dem Fenster. Schieben Sie die Stühle ruhig auseinander und wieder zusammen. Spielen Sie »Abalone« mit Ihrem Kind. Dabei wird es ein Gefühl für *mehr* oder *weniger* bekommen. Ein geniales Spiel übrigens! Spielen Sie mit! Spielen ist Lernen.